はじめてママ&パパの
男の子の育て方 0~6才

監修：渡辺とよ子
わたなべ医院院長

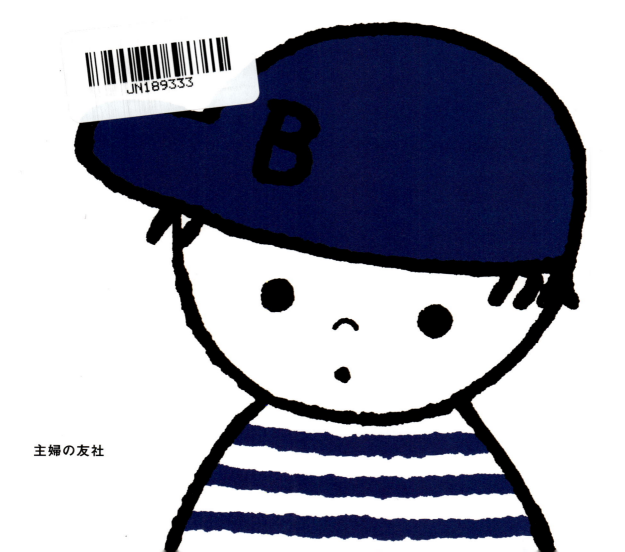

主婦の友社

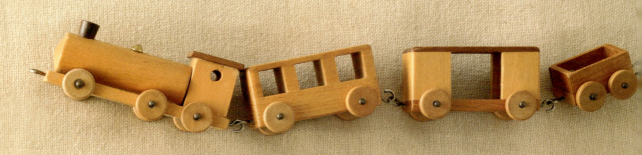

愛すべき男の子たちに
ママとパパから
たっぷりの愛のお返しを

男の子は体が弱い。
男の子は発達が遅め。
男の子は聞き分けが悪くて暴れん坊。
……男の子の育児って、大変そう！

はじめて授かった赤ちゃんが男の子だと、こんな不安を抱くお母さんもいるようです。確かに男の子は女の子にくらべるとやんちゃな子が多かったりケガや病気をしやすかったり、という傾向があります。でもそれはあくまでも傾向です。男の子だから必ずこう、ということはありません。

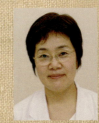

わたなべ医院院長
渡辺とよ子先生

その子の持って生まれた個性は、「男の子」「女の子」の枠にきれいにおさまるものではないのです。

男の子は、愛すべき存在です。
子ども時代はお母さんが絶対で、お母さんが大好き。
ややおしゃまな女の子にくらべると、お母さんべったりの子が多いようです。
おそらく、女性の一生でこれほど男性に愛されることはないでしょう。
思春期になるとその「大好き！」は封印されますが、
お母さんに対する絶対的な信頼と愛情は揺るぎません。
ですからどうぞ、男の子の育児に不安を抱かないで。
あふれるほどの愛情を、しっかりと受け止めてあげてください。

では、お父さんの役割は？
赤ちゃん時代は、妻と二人三脚でしっかり育児に携わってください。
そして、息子の成長に従って大人の男性のモデルとなれるよう、
ぜひ自分を磨いて「イイ男」になってください。
「育児は育自」といわれますが、
それはお母さんだけではなく、
お父さんにも当てはまることですから。

男の子たちのすこやかな成長に、
この本が役に立つことを願っています。

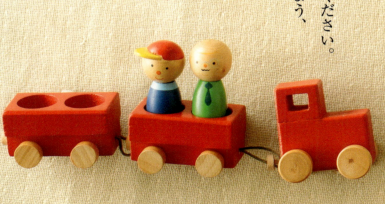

CONTENTS

PART 1
男の子って、どうしてこうなの⁉

女の子と同じ？ 違う？
- 9 性別は受精の瞬間に決まります
- 10 「男の子」が「男性」になるまで
- 12 男の子 女の子で違う？ 同じ？
- 14 成長の時期
- 16 病気のなりやすさ
- 18 運動能力と人とのかかわり
- 20 生活スキル
- 22 表現力・想像力
- 24 男の子 女の子 どんな絵を描く？

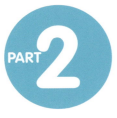

PART 2
男の子はこんなふうに育ちます

- 29 3人の男の子の発達をチェック！
- 30 0カ月〜2才 発達見くらべ
- 32 0カ月／寝たり起きたりをくり返す。人の顔をじっと見つめることも
- 34 1カ月／少しずつねんねや授乳のリズムができてくる

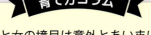

育て方コラム
- 28 男と女の境目は意外とあいまい
- 72 男の子には冒険を！ 男の子には試練を！
- 144 算命学に学ぶ、男の子の育て方とは？
- 170 男の子、育ててます！ ママ3人座談会

- 36 2カ月／「あーうー」と声を出し うっすらほほえむことも
- 38 3カ月／あやすとはっきり笑い、にぎる力も強くなってくる
- 40 4カ月／首すわりが完成。寝返りを始める子も
- 42 5カ月／離乳食がスタート。少しずついろいろな味に慣れさせて
- 44 6カ月／おすわりが安定してくる。早い子はずりばいで移動も
- 46 7カ月／離乳食が2〜3回食に。コップを使いだす子も
- 48 8カ月／興味のあるものにはいはいで近づいていく
- 50 9カ月／はいはい→つかまり立ち。移動する距離が増えていく
- 52 10カ月／つかまり立ち→伝い歩き。早ければ歩きだす子も
- 54 11カ月／指先がより器用に、感情はよりこまやかに
- 56 1才／ひとり立ちが完成。クレヨンでなぐり描きをする
- 58 1才3カ月／ひとりで歩けるように。自己主張の芽生えも
- 60 1才6カ月／ひとり歩きに慣れ、小走りする子も

0カ月〜1才6カ月

- 62 体の発達の目安
- 64 手・指の発達の目安
- 66 言葉の発達の目安
- 68 社会性の発達の目安

70 そろそろ赤ちゃん時代を卒業 男の子の2才はこうなります

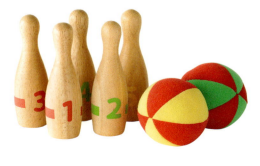

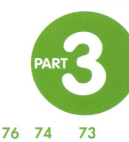

PART 3 気になるけど、よくわからない おちんちんケアとトイレトレーニング

- 73 おちんちんの構造
- 74 おちんちんの色や形は十人十色
- 76 包茎と仮性包茎
- 78 包皮のむき方 経過レポート
- 80 おちんちんのこと Q&A
- 82 性器周りの病気&トラブル
- 84 亀頭包皮炎
- 86 鼠径ヘルニア
- 88 陰嚢水腫
- 90 停留精巣
- 92 尿道下裂
- 94 男の子が注意したい病気
- 95 肥厚性幽門狭窄症
- 95 おたふくかぜ
- 96 男の子のトイレトレーニング
- 98 トイレトレーニングのやり方 基本編
- 102 トイレトレーニングのやり方 バリエーション編
- 106 トイレトレーニング Q&A

PART 4 男の子育児を楽しもう！ 豊かに育てる男の子の心と体

- 107 遊びと発達
- 108 0〜2才 赤ちゃん時代は遊びながら世界を探検しています

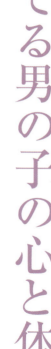

PART 5 男の子のイヤイヤ期対策

拒否&反抗になすすべなし!?

- 145 イヤイヤ期ってこんな時期
- 146 1才半～3才ごろ イヤイヤ期 困ることTOP10
- 148 始まりから卒業まで イヤイヤ期はこう成長していく

男の子イベント
- 134 0才 初節句／すこやかな成長を願う端午の節句
- 136 こどもの日 親子でおいしいお祝いごはん&離乳食
- 138 3才・5才 七五三／成長の節目を祝う七五三
- 140 3～4才 入園／はじめての集団生活へ
- 142 6才 入学／学校生活のスタート

習いごと
- 130 3～6才 男の子に人気の習いごと
- 132 3～6才 子どもにベストな習いごと選び

運動が得意な男の子に!
- 122 6才～ かけっこが速くなる
- 124 運動会べんとう
- 126 6才～ なわとびをマスター
- 128 6才～ 逆上がりをマスター

身長を伸ばしたい!
- 118 0～6才 身長を決めるのは遺伝と生活環境
- 120 0～6才 背を伸ばすための生活習慣

- 110 0～2才 赤ちゃん時代のおもちゃ選び
- 114 0～6才 すこやかな発達に欠かせない運動遊び
- 116 3～6才 しっかり体を動かすことで あと伸びできる脳を育てる

PART 6 0〜6才 要注意の事故と病気

イヤイヤ期をどう乗り切る?

- 152 冷たい人からは逃げればいい（柴田愛子）
- 153 イヤイヤは脳に組み込まれた成長のステップ（池谷裕二）
- 154 親子バトルはできるだけ避けるのが正解（岩立京子）
- 155 「保護者」から「親」へと成長する時期（菅原裕子）
- 156 「いけないこと」の伝え方
- 158 イヤイヤっ子対処のルール
- 160 「自分でやりたい!」気持ちにこたえる
- 162 イヤイヤ期 BOYS うちはこうしています
- 164 思春期前の反抗期
- 166 反抗児とのコミュニケーション術
- 168 つらいときに心をラクにする方法

事故＆ケガの対処法

- 171 ケアマニュアル
- 172
- 173 転倒・転落
- 174 誤飲
- 176 水の事故
- 177 やけど
- 178 すり傷・切り傷
- 179 救急車レベルの事故が起きてしまったら

0〜6才 よくかかる病気＆トラブル

- 180 かぜ症候群
- 181 インフルエンザ
- 182 ウイルス性胃腸炎
- 183 中耳炎
- 184 便秘
- 185 あせも・とびひ

こんなときどうする？ 写真でわかるホームケア

- 186 正しく熱をはかる／発熱時の着せ方／発熱時の水分補給／吐きけがあるときの水分補給／鼻水をとる／せき・たんをラクに／便秘のときの綿棒浣腸／塗り薬の適量

- 190 さくいん

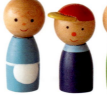

PART 1

女の子と同じ？ 違う？

男の子って、どうしてこうなの!?

PART 1参考文献／津守式乳幼児精神発達質問紙

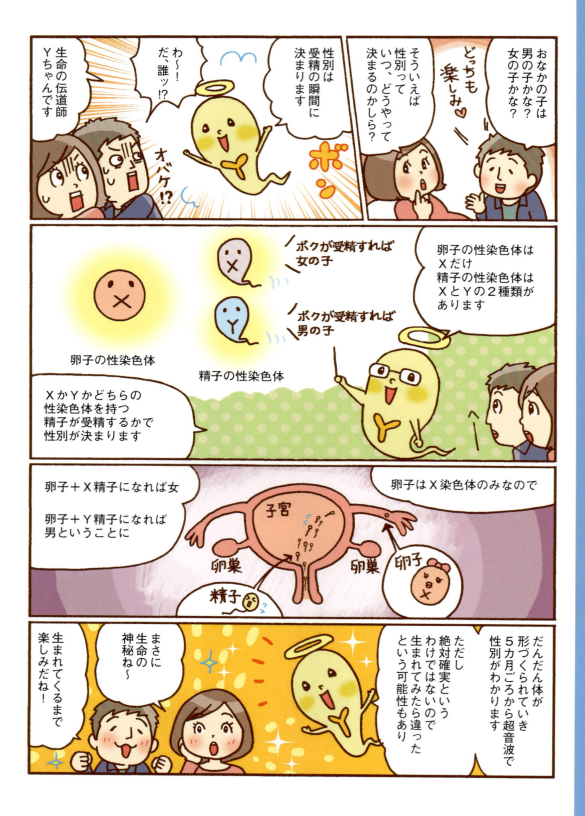

PART 1 男の子ってどうしてこうなの？

Y染色体が命令する「きみは男の子になれ！」

男の子はなぜ男の子になるの？ ソボクな疑問にひと言で答えるのはむずかしいのですが、性別は受精の瞬間に決まります。性別を決定するのは、精子です。精子も卵子も、さまざまな遺伝情報を集めた23個の染色体を持っています。その中で性別を決定するのは性染色体。性染色体にはX染色体とY染色体があります。精子には、男の子になるY染色体を持つY精子と、女の子になるX染色体を持つX精子の2種類がいます。一方、卵子にはX染色体を持つX卵子しかありません。X卵子とドッキングしたのがY精子なら「性別は男子決定！」（受精卵の性染色体はXY）、X精子なら「性別は女子決定！」（受精卵の染色体はXX）です。

ただし、「男の子」はその瞬間にでき上がるわけではありません。妊娠2〜3カ月ごろ、XY染色体を持つ胎児に大きな変化が起こります。男性ホルモンが大量に分泌されて、おちんちんがつくられるのです。体が「男」になる瞬間です。X染色体を持つ胎児に、こうした男性ホルモンシャワーはなく、外性器は自動的に女性になります。人間の「初期設定」は女子なのだ、ともいえるのです。

性別は受精の瞬間に決まります

超音波検査で男女が判別できることも多い

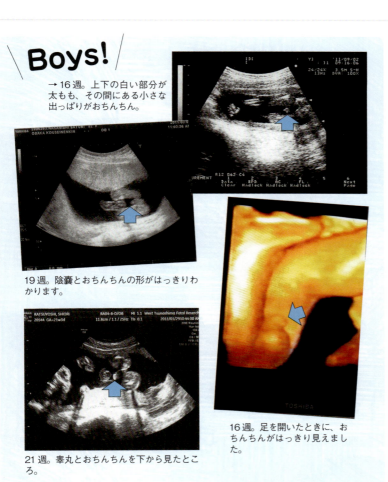

Boys!

→16週。上下の白い部分が太もも、その間にある小さな出っぱりがおちんちん。

19週。陰嚢とおちんちんの形がはっきりわかります。

21週。睾丸とおちんちんを下から見たところ。

16週。足を開いたときに、おちんちんがはっきり見えました。

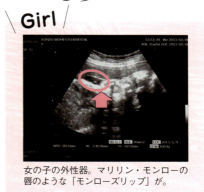

Girl

女の子の外性器。マリリン・モンローの唇のような「モンローズリップ」が。

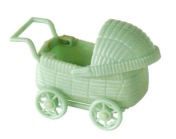

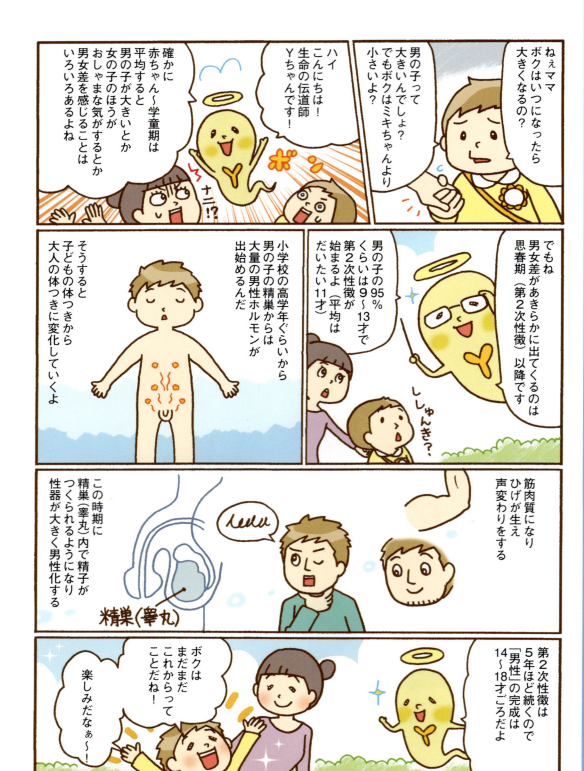

PART 1 男の子ってどうしてこうなの？

「男の子」が「男性」になるまで

男の子っぽさを形づくる男性ホルモンのシャワー

いきなりですが、「成長・発達・成熟」の3つの違いを知っていますか？

「成長」とは、身長が伸びる、体重が増える、といった体の変化です。「発達」とは、歩けるようになる、流暢に話す、などの機能の獲得。成長と発達における男女差は目立ちませんが、「成熟」には明白な違いがあります。成熟とは、精子や卵子をつくれる体になることをさすからです。

成熟のカギをにぎるのが性ホルモンです。脳が体の成長などで判断し、「男性（女性）ホルモンを分泌せよ！」と、精巣（卵巣）に指令を出します。分泌されたホルモンは全身をめぐり、骨や筋肉、脳にも影響を与えます。たとえば胎児期のホルモンシャワーは、おちんちんをつくるだけでなく、胎児の脳を「男の子脳」に変化させています。「何も教えなくても、男の子は車やヒーローが好き」という傾向があるのはそのせいです。

男の子は胎児期も含めて4回、大量のホルモンシャワーを浴びますが、女の子は思春期だけです。そしてその時期は男性より1～2年早く訪れます。女の子がなぜ早熟なのか、残念ながら、その理由はわかっていません。

男の子が男性ホルモンを大量に浴びるのは一生のうち4回

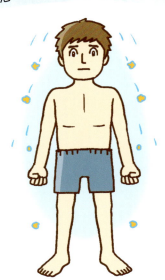

思春期（11才～16才ごろ）

性器以外でも男女の違いが明確に（第2次性徴）。最初に精巣が大きくなり、ひげが生える、筋肉質になる、声変わりするなど、男性らしい容姿に変化する。精巣で精子をつくるようになり、成熟が完成。

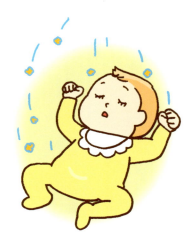

生後2～6カ月

この時期にも、精巣から大量の男性ホルモンが分泌される。だが、なぜ分泌されているのかは解明できていない。成長と発達が目覚ましい時期だが、外見上、あきらかな成熟の変化は見られない。

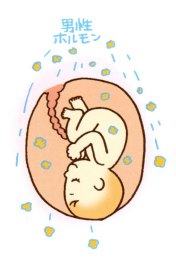

胎児期に2回

男の子は胎児期に2回、男性ホルモンの大量分泌がある。妊娠2～3カ月の男性ホルモンシャワーで外性器がつくられ、妊娠8～10カ月のシャワーでおちんちんが大きくなり、男の子の体が完成する。

男の子 女の子 で違う？同じ？ 成長の時期

赤ちゃん時代はあまり違わないの？

6才ごろまで、体の成長は男女ほぼいっしょです

生まれたばかりの赤ちゃんは、見ただけでは男の子か女の子かよくわからないことがあります。出生時の体重、身長、髪の量などは、性差よりも個人差が大きいからです。

男の子を抱っこすると「骨格がしっかりしていて筋肉質」「ふわふわした女の子にくらべると、ムチッとした強い弾力がある」などと感じることがあるかもしれません。これは男性ホルモンの影響ではないかと考えられますが、はっきりとした差として目に見えるものではなく、「言われてみればそうかもしれない」という程度のことも少なくありません。

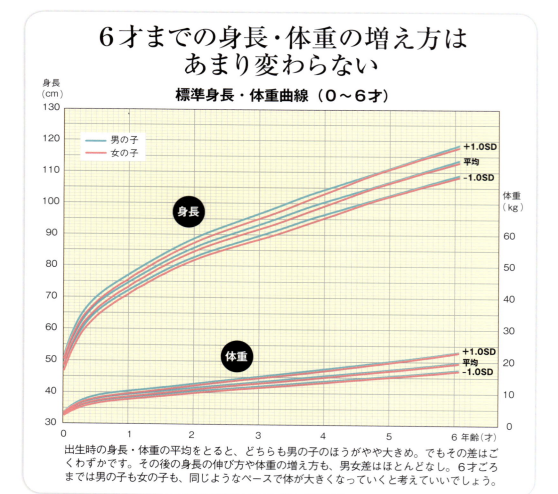

6才までの身長・体重の増え方はあまり変わらない

標準身長・体重曲線（0～6才）

出生時の身長・体重の平均をとると、どちらも男の子のほうがやや大きめ。でもその差はごくわずかです。その後の身長の伸び方や体重の増え方も、男女差はほとんどなし。6才ごろまでは男の子も女の子も、同じようなペースで体が大きくなっていくと考えていいでしょう。

PART 1 男の子ってどうしてこうなの？

男の子・女の子比較　成長の時期

男の子は女の子にくらべて思春期スタートが遅め

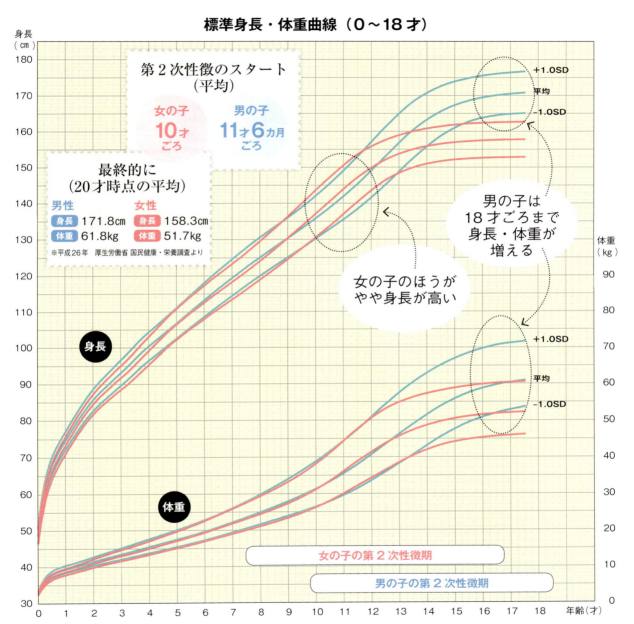

標準身長・体重曲線（0〜18才）

第2次性徴のスタート（平均）
- 女の子 10才ごろ
- 男の子 11才6ヵ月ごろ

最終的に（20才時点の平均）
- 男性　身長 171.8cm　体重 61.8kg
- 女性　身長 158.3cm　体重 51.7kg

※平成26年 厚生労働省 国民健康・栄養調査より

女の子のほうがやや身長が高い

男の子は18才ごろまで身長・体重が増える

身長がグンと伸びる時期は生まれてから1才ぐらいまでと、思春期（体が大人になる準備を始める第2次性徴期）です。思春期は女の子のほうが早くやってくるので、小学校の高学年になると女の子のほうが大きいことがよくあります。男の子の身長が伸びるピークは13〜15才が平均なので、中学生になると身長は男女逆転。個人差はあるものの、全体としては「男の子のほうが大きい」となるのです。男女とも思春期を過ぎると、身長はもうあまり増えません。

男の子 女の子 で違う？同じ？病気のなりやすさ

男の子のほうが体が弱いって本当？

病院の受診、入院などは男の子のほうが多い

「男の子は女の子にくらべると体が弱い」と、昔からよく言われます。厚生労働省のデータを見ると、乳幼児期に病院を受診する・入院する人数や、死亡する乳児の数は男の子のほうが多め。ただしこれは病気とは限らず、事故によるものが少なくありません。

昔は未熟児や感染症などで亡くなる子が多く、その率は男の子のほうが高かったのは事実です。でも医療が発達した現代では、そうした差はなくなりました。とはいえ平均寿命は女性のほうが長いので、やはり女性のほうがたくましい!?

男性の寿命は女性より約6年短い

― 2016年平均寿命 ―

男 **80.98才**
女 **87.14才**

男の子が女の子より少し多く生まれるのはなぜ？

― 2011年 ―

女 **100人** : 男 **105.02人**

100年前も少子化が進んでいる現代も、新生児の男女比は男の子のほうが多め。体の弱い男の子は子どものうちに死亡し、成人したときにはほぼ男女同数になるという説がありますが、医療の進んだ現代では、あまり意味のない差になっています。

ちなみに100年前（1911年）は

女 **100人** : 男 **104.00人**

※厚生労働省 人口動態調査より

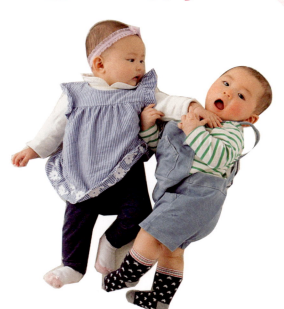

16

PART 1 男の子ってどうしてこうなの？

男の子・女の子比較　病気のなりやすさ

病院へ行く人数は男の子のほうが多い

発生頻度に男女差のある病気

アトピー性皮膚炎
乳児期は男児に多いものの、3才では男女ほぼ同数になります。小学校の健診での有病率は男女比ほぼ同数。年齢が上がるにつれ、アトピー性皮膚炎の子は減っていきます。

気管支ぜんそく
男子、女子のいずれに多いかは年代で異なります。乳児～小児期は男子により多く、思春期から生殖年齢になると女子により多くなります。以降はその傾向が続きます。

肥厚性幽門狭窄症
胃の出口である幽門の筋肉が厚くなる病気。生後2～3週間から見られ、噴水のような嘔吐が続きます。4～5対1の割合で、男児に多く見られます（p.95参照）。

股関節脱臼
骨盤の形や関節のゆるさに男女差があるため、男子よりも女子に多い病気。逆子で生まれたり、家族歴があったりするとハイリスク。抱き方やおむつの当て方で予防できます。

外来を訪れた人数（人口10万人あたり）

（グラフ：0才・1～4才・5～9才における男女別外来受診者数。0才と1～4才では男女ともに約6500～7000人前後、5～9才では約4500人前後。凡例：赤＝女、青＝男）

※厚生労働省　人口動態調査より

男の子に多い病気もあるが交通事故なども多い

「病院にかかったり入院したりする数が多いのは、男の子のほうが体が弱いから」と思いがち。でもデータの内容をくわしく見ると、0～9才までの男の子の死亡原因としてとても多いのは、不慮の事故や交通事故です。男の子は体が弱いというよりも、活発で目が離せない存在といえそうです。

あきらかに男の子に多い病気もありますが、女の子に多い病気もあります。そしてまた、男でも女でも、赤ちゃんのうちは特によく病気をするものです。熱を出すたびに「やっぱり男の子だから弱いんだわ」と思う必要はありません。

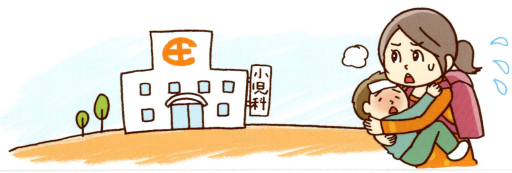

男の子と女の子

で違う？同じ？運動能力と人とのかかわり

運動は男の子が早く、人とのかかわりは女の子がそつのないイメージだけど

統計的にはっきりとした男女差はありません

女の子で早く言葉が出ると「やっぱり女の子はおしゃべりね」、男の子で歩き始めるのが早いと「男の子だから活発ね」などと言われることがあります。しかし運動能力や人とのかかわり方、言葉の発達について、はっきりとした統計上の性差はありません。男の子は運動能力が高くて活発、女の子は言葉の発達が早い、などというのはあくまでもイメージです。

ただ「男の子は体を動かす遊びが好き」「女の子は室内遊びが好き」という傾向はあるので、好きなことをするという嗜好の差が発達差に見えるのかもしれません。

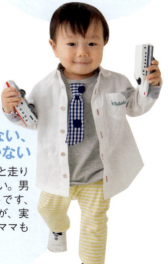

男の子は活発で女の子はおませ!?

おはなしがじょうずで言葉の発達が早い？
女の子のほうが言葉の発達が早い傾向はあるのですが、統計的に確定したものはありません。親は女の子により多く話しかける傾向があり、これが差になっているという説も。

おとなしくて聞き分けがいい
こういう女の子はいますが、おとなしくて聞き分けがいい男の子もいます。男女の差というよりは、イメージや、社会的な役割期待が反映されている？

ヒーローごっこや戦隊ものが好きなのは男性ホルモンのせい？
戦隊ヒーローに夢中。手にとるおもちゃはロボットや車などのメカ的なもの。「男性」としてどうふるまうかは、すでに胎児期にインプットされているという説も。

じっとしていない、言うことを聞かない
スーパーで手を離すと走り回るので目が離せない。男の子育児はヘトヘトです、という人は多いですが、実はヘトヘトな女の子ママも少なくありません。

18

| PART 1 | 男の子ってどうしてこうなの？ |

男の子・女の子比較　運動能力と人とのかかわり

実は男女差がない　体、心、言葉の発達

ひとりで歩く
（1才3カ月前後）
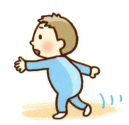

「ダメ」と言われると顔色を見る
（10カ月前後）
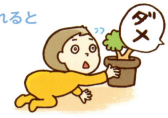

台からとびおりる
（1才8カ月前後）
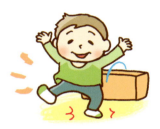

絵本で知っているものを指さす
（1才3カ月前後）
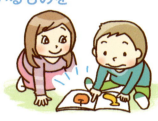

階段を1段ずつ上る
（2才6カ月前後）
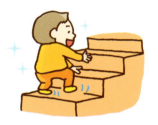

友だちと手をつなぐ
（1才9カ月前後）
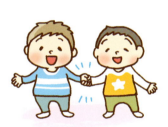

三輪車をこぐ
（3才0カ月前後）
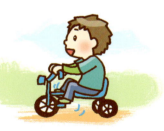

ひとりで絵本を見る
（2才0カ月前後）
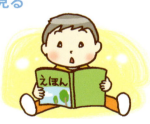

補助つき自転車に乗る
（6才0カ月前後）
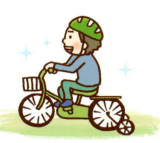

ひらがなが読める
（6才0カ月前後）
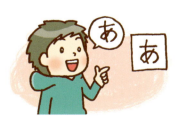

男の子 女の子 で 違う？ 同じ？ 生活スキル

服を着る、顔を洗う……。
生活スキルが身につく時期は
男の子と女の子で違うの？

3才以降、男女で差があらわれてきます

赤ちゃん時代は食事、着替え、排泄などなんでもやってもらっていた日常生活のあれこれ。2〜3才ごろから、大人の手を借りながら少しずつ自分でできるようになってきます。3才以降のこうした日常生活のスキルや生活習慣についての発達＝「できる時期」については、少し男女による差が出てきます。ただしスキルや習慣が身につくかどうかは、「うまくできたときにほめる」「先回りしすぎて手を出しすぎない」「できなかったときに、叱らない」など、親のかかわり方や環境の影響も大きいといえるでしょう。

男の子と女の子、両方いるママに聞きました

ひとりでできないのは、男の子が甘えん坊だから？
「娘はしっかりもの、息子は甘えん坊な気がします。生活習慣を身につけさせようとしても、息子はすぐに『ママ〜』と頼ってきます」

脱ぎっぱなしなのは娘のほう
「5才の息子は保育園で教えられて洋服をたためるのに、もうすぐ7才の娘は脱ぎっぱなし。娘の周囲はいつも散らかっています」

男の子のほうが教えやすかった
「息子のほうが夜泣きや人見知りがなく、トイレのしつけもラクでした。娘は集中せず、生活スキルを教えるのが大変でした」

女の子のほうが洗顔をいやがらない
「男女の双子ですが、娘のほうが歯みがき、洗顔、シャンプーなどをいやがりません。女の子のほうが、生まれつきおしゃれなのか？」

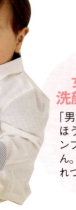

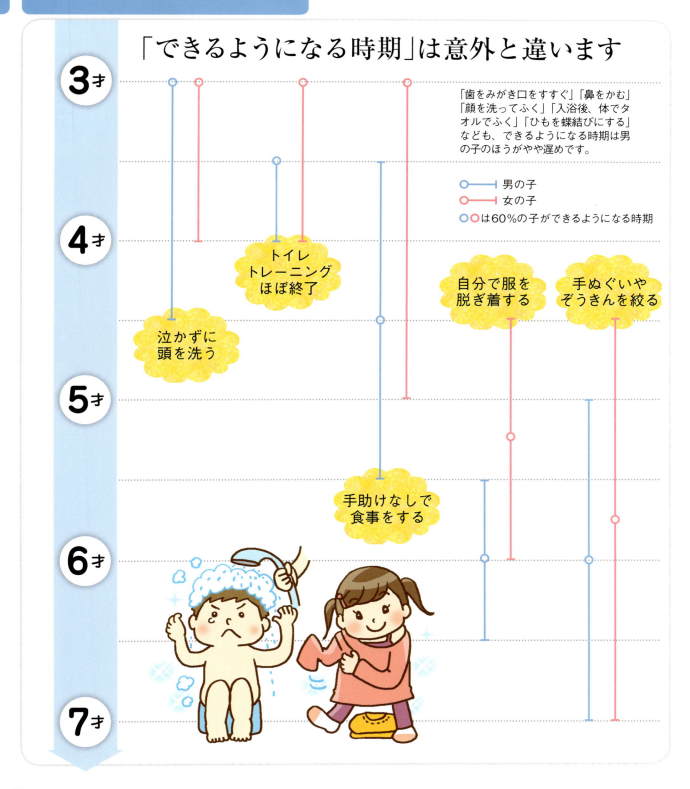

男の子 女の子 で 違う？ 同じ？ 表現力・想像力

ガサツと思われがちな男の子。こまやかな表現力や想像力は苦手なの？

ホルモンシャワーの影響で男の子らしくなるけれど

胎児の脳は、もともとは女の子脳。男の子は、妊娠6〜24週ごろにテストステロンという男性ホルモンのシャワーをたっぷりと浴びます。その結果、骨格や筋肉、脳などがより男の子らしくなっていくのです。このホルモンシャワーの影響で、気質や遊び方などに男の子らしさ、女の子らしさの差があらわれてくると考えられています。でも「男の子だからガサツ」「女の子だから繊細」と生まれつき決まっているわけではありません。性格や行動パターンなどのその子らしさは、環境や周囲のかかわり方など、後天的なものがプラスされて形づくられます。

「男の子なのに……」これってどうなの？

黙々とひとり遊び。男の子は外で元気に走り回るものじゃないの？

何かに集中する、熱中するのは男の子に多い行動パターン。黙々と遊ぶのは決して悪いことではありません。体を使う外遊びも大事なので、積極的に外に連れ出してあげて。

ぬいぐるみやおままごとが好きみたいなんですが……

ふわふわしたぬいぐるみや、ままごと遊びが好きな男の子もいれば、やんちゃな遊びが好きな女の子もいます。遊びの種類にこだわらず、いろいろな経験をさせてあげましょう。

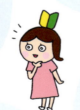

ママのメイクをじーっと見ています。お化粧に興味があるの？

子どもはママが大好きなので、メイクそのものに興味があるというより、「ママがすること」に興味があって見つめるし、まねしたがるものなのです。心配することはありません。

人見知りのくせに、女の人が好き。将来は女好きに！？

女性は声が高く、赤ちゃんの扱いもソフトです。ママと同じ女性は子どもにとって、より親しみやすい存在なのかも。男の子だけでなく、女の子も女性になつきやすい傾向が。

PART 1 男の子ってどうしてこうなの？

男の子・女の子比較 表現力・想像力

表現力や想像力 男の子 女の子 いつごろやるようになる？

積み木を積んで、倒れそうになるのを面白がる
男女とも　3才ごろ

"予測する"など頭を使った遊びができる時期は性差なし

積み木を重ねたり、くずしたりして喜ぶのは1才半〜2才前後。その後、男女とも「予測して行動する」より高度な遊びができるように。

積み木で、ままごとの「家」をつくる
男女とも　3才〜3才6カ月ごろ

男女とも同じころに見立て遊びができるように

積み木で見立て遊びができるようになると、ある程度のイメージを持って積み木が使えるようになり、遊びの幅が広がってきます。

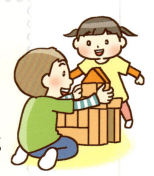

きれいなものを見て「きれい！」と感じる
男の子　3才〜3才6カ月ごろ
女の子　3才6カ月ごろ

イメージに反して男の子のほうが早め

女の子のほうが、美しいものに対する感受性が高そうなイメージですが、実際には男の子のほうがやや早めです。

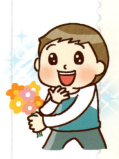

砂山にトンネルをつくる
男の子　3才6カ月〜4才6カ月ごろ
女の子　4才〜5才6カ月ごろ

同じごっこ遊びでもアウトドアは男の子好み？

砂を使ったごっこ遊び。男の子のほうが少し早くできるようになります。男の子はアウトドア志向が強い？

はさみで簡単な形を切り抜く
男の子　3才6カ月〜5才ごろ
女の子　3才6カ月〜4才6カ月ごろ

男の子のほうがややぶきっちょ

3才になるとはさみが使えるようになってきます。形を切り抜くなど、より繊細な動作は女の子のほうがちょっぴり得意なようです。

花、人、電車など思ったものを絵に描く
男女とも　3才6カ月〜5才ごろ

男の子は車やロボットなど、メカニックな絵が好き

丸や線などに意味をつけ、だいたいその形で描けるように。女の子は花や人、男の子は電車や車などを描くことが多いようです。

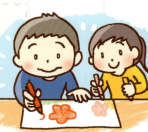

男の子 女の子 どんな絵を描く？ ～3才ごろ

男の子と女の子の描く絵は違う、といわれますが、3才ごろまでは大きな差はないように見えます。

1才

クレヨンをにぎって持てるようになる年齢。いわゆるなぐり描きで、特定の形にはならず、線や点を描きます。

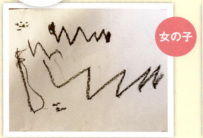
女の子
ボツボツの点とともに、線は力強くしっかりしています。

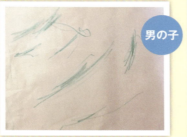
男の子
クレヨンをゴシゴシこすりつけるように画用紙になぐり描き。

2才

クレヨンのにぎり方がしっかりしてきます。まだ手元はおぼつきませんが、グルグルと丸を描いたりします。

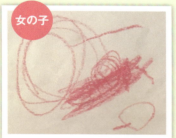
女の子
ピンクの丸は「りんご」です。なるほど、よく見ると実からヘタが伸びています。

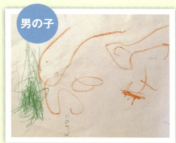
男の子
不思議な形の線は「フィッシ」「エルオーネ」。好きなキャラクターかな？

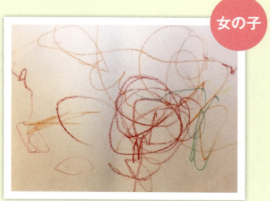
女の子
花かな？ カラフルな色使いで線と丸をのびのびと描いています。

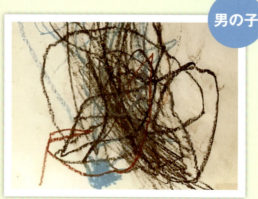
男の子
ぐちゃぐちゃだけど丸を描いています。単色ではなく、青、黒、茶などを使い分け。

PART 1 男の子ってどうしてこうなの？

男の子と女の子の絵

だんだん複雑な形が描けるようになってきます。女の子のほうが、やや色使いがカラフルな印象です。

3才

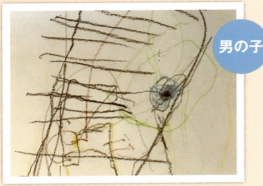
男の子
描いたのは「おばけ」。確かに、お化けのおどろおどろしい感じが出ています。

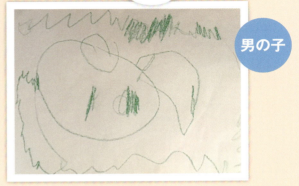
男の子
ペットの犬を描いてくれました。大きな耳がたれています。

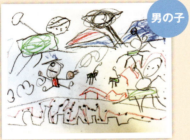
男の子
アリ、バッタ、カマキリ。自由に描いてもらうと、人間ではなく動物や昆虫を描く男の子は多いです。

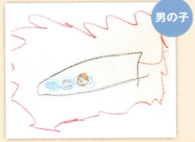
男の子
「ロケット」。火花を散らして飛んでいく様子がわかります。

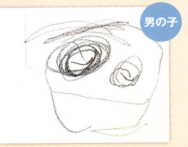
男の子
大好きなアニメに出てくる「ばいきん」のキャラクター。よく描けています。

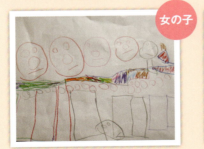
女の子
ズラリと人が行列をつくっています。目、鼻、口をしっかり描き込んでいます。

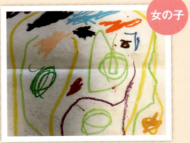
女の子
いろいろな色を使って、カラフルに仕上げています。

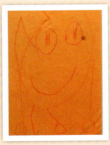
女の子
顔から直接手足が出ている、「頭足人」と呼ばれる絵。3〜5才ごろの子どもがよく描きます。

男の子 女の子 どんな絵を描く？

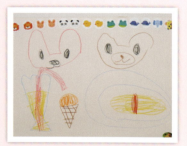
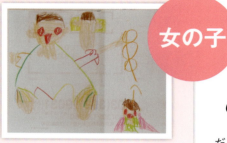

女の子

4～6才

だんだん男女の絵に違いが出てきます。男の子は「動物やものを描く」「色使いが地味」「広い範囲、俯瞰した風景を描く」などの傾向が。

5才。お店やさん。周囲にはシールを貼って、かわいく仕上げています。

4才。ママ、パパ、自分。いちばん大きいのが自分です。

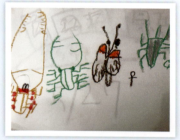
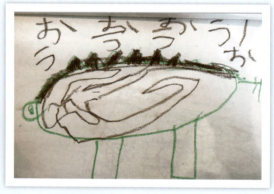
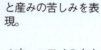

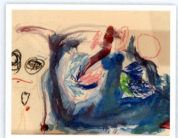

男の子

4才。昆虫たち。クワガタ、蝶々……男の子は昆虫をじっと観察します。

4才。ステゴザウルスが卵を産むところ。「おうおうおう」と産みの苦しみを表現。

4才。ハワイの火山の噴火。テレビで見たのかな？

4才。「ぼくのたからもの」。描いたのはお風呂に入るお母さんです。

PART 1 男の子ってどうしてこうなの？

男の子と女の子の絵

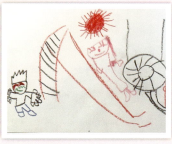
5才。お母さんと公園に行って遊んだところを描きました。

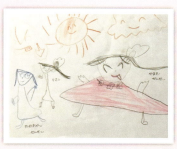
5才。保育園での外遊び。大きく描かれた太陽は、女の子の絵によく見られます。

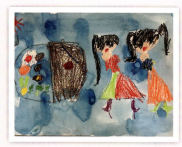
5才。外でお弁当を食べているところでしょうか。2人仲よく並んでいます。

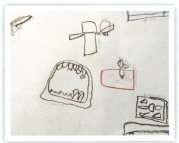
5才。保育園での「焼きいも」の様子。真ん中の赤い四角の中にいるのは「おいもを包んでいるぼく」。

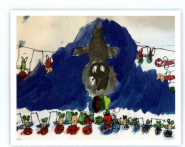
5才。水族館への遠足。中央の灰色の動物はアシカです。

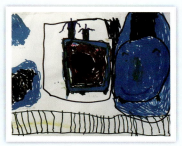
5才。右は「きかんしゃトーマス」。真ん中は「トービー」。左にあるのは、ドーナツ型の雲です。

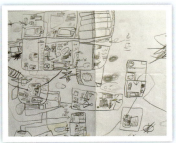
6才。ダンジョンゲームの様子。「ろうや」「へいたい」「トイレ」などの文字も。

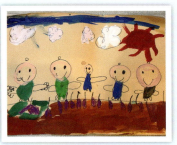
5才。保育園での芋掘り遠足の様子を描きました。

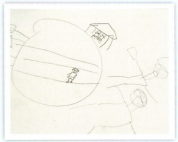
5才。運動会の様子。「じょうずに描けた！」とお気に入りの絵です。

> 育て方コラム

男と女の境目は意外とあいまい

慶應義塾大学教授　長谷川奉延先生

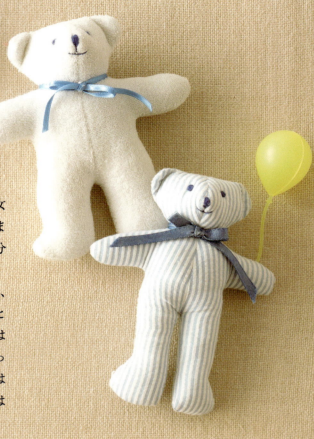

　男性と女性の違いは、染色体の違い。XYなら男性で、XXなら女性——。これは一般的によく知られていることで、間違いではありません。でも、男性と女性との境界線は、実は、とてもあいまいな部分もあるのです。

　たとえば性別違和（以前は性同一性障害といっていました）の人は、体の性と心の性（性同一性あるいはジェンダーアイデンティティーといいます）が一致しません。体は男性でも心が女性の人は、「自分は女性である」と思っています。このような人を、体が男性だからといって「男性だ」と言いきれるでしょうか。あるいは、自分の性同一性は「男性でも女性でもない」という人や「あるときは男性で別のときは女性である」という人もいます。このような人は男性でしょうか？　女性でしょうか？　性同一性から考えると、男と女の境目は意外とあいまいなのです。

　男性を男性たらしめているのはY染色体です。しかし最近わかってきたことですが、男性でも年をとると、血液中の一部の細胞ではY染色体が消えてしまうことがあるのです。性染色体から考えても、男はXY、女はXX、以上！とくっきり線引きできない、あいまいさがあります。

　だからこそ、子育てでは「男の子だから」「女の子だから」という分け方よりも、健康な「人」を育てるという姿勢が大切なのではないでしょうか。大きくてわんぱくで女の子より発達が遅め——そんな男の子ばかりではありません。個性を大切にするというのは、見た目の性別だけでなく、気質、性格、性同一性など、その子が持って生まれた"その子自身"を受け入れ、尊重しながら育てることだと思います。

PART **2**

0カ月～2才 発達見くらべ

男の子は
こんなふうに
育ちます

0カ月〜1才6カ月

3人の男の子の発育をチェック！

こんなふうに成長します

標準タイプ

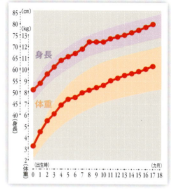

身長、体重とも発育曲線の帯の中心に位置しています。ただし、思春期ごろに体型は大きく変化します。赤ちゃん時代の体型が今後も続くわけではありません。

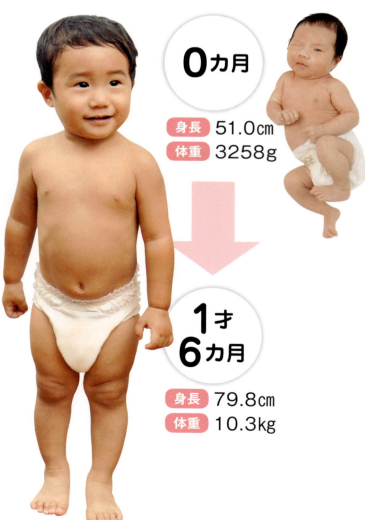

0カ月
- 身長 51.0cm
- 体重 3258g

1才6カ月
- 身長 79.8cm
- 体重 10.3kg

PART 2 0〜2才 男の子の発達

こんなふうに成長します

スリムタイプ

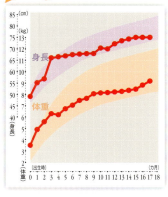

生まれたときは大きめでしたが、その後発育がゆるやかになったタイプ。その子なりのペースで身長体重とも増加しているなら、順調な成長と考えてOK。

0カ月
- 身長 49.4cm
- 体重 3570g

↓

1才6カ月
- 身長 75.0cm
- 体重 9200g

ビッグタイプ

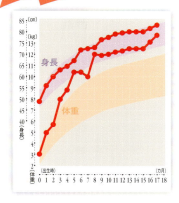

体重増加が帯から多少はずれても、曲線のラインに沿っていればあまり心配しないで。活発に動くようになると、体重は落ち着いてくることが多いですよ。

0カ月
- 身長 49.0cm
- 体重 3072g

↓

1才6カ月
- 身長 83.0cm
- 体重 13.7kg

0カ月

寝たり起きたりをくり返す。人の顔をじっと見つめることも

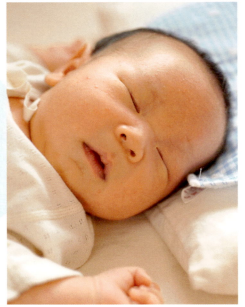

2〜3時間寝ては起きてのくり返し

まだまとめて寝ることができません。2〜3時間寝ては起き、というリズムをくり返します。おっぱいを飲んでおなかがいっぱいになると、すぐに眠りの国へ。

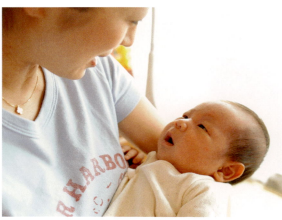

ママの目をじーっと見つめて

視力はまだ弱く、20〜30cmの距離がぼんやりと見えています。この時期は1カ所を見つめるのが特徴で、顔を近づけるとじっと見つめ返すことも。

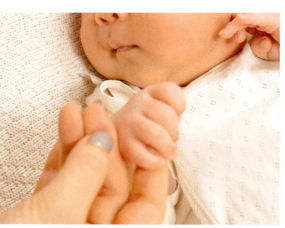

小さな手でギュッとにぎってきます

赤ちゃんの手のひらに指を出すと、小さな手でギュッ。これは生まれつき備わっている原始反射で、2〜3カ月になると見られなくなっていきます。

PART 2 0〜2才 男の子の発達

0カ月

標準タイプ

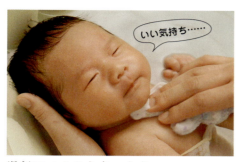

湯船につかるとうっとり
沐浴がよほど心地いいのか、お湯につかるとこんな恍惚とした表情になります。あんまり気持ちがよくて、湯船から出たとたんに泣いてしまうことも。

(いい気持ち……)

授乳の回数は1日に10回程度。ぐずるときは足をすごい勢いでバタバタ。泣き声も大きく、元気いっぱいです。ママはねんねのときに白目になるのが気になっていましたが、1カ月くらいまでの赤ちゃんにはよく見られるのだということです。

身長 51.0㎝
体重 3258g

ビッグタイプ

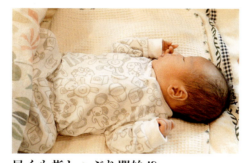

早くも指しゃぶり開始!?
ウトウトしているときや空腹のときなどに、なんとなく手を口のあたりに持っていくようになりました。たまに、自分の手を吸っていることもあります。

ママが産後しばらく入院したため、ほ乳びんに慣れてしまいました。退院後はおっぱいも飲めるようになりましたが、ほ乳びんのほうが好きみたい。授乳するときには、まずおっぱい、それからほ乳びんにして、母乳に慣れさせたいですね。

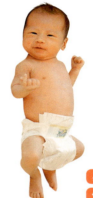

身長 49.0㎝
体重 3072g

スリムタイプ

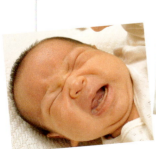 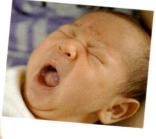

表情がコロコロ変化
あくびしたりぐずったり大声で泣いたり……。ずっと見ていても飽きないくらいに、コロコロ表情が変わります。どんな表情もかわいくて、見ていると癒やされます。

生まれた当日からおっぱいをよく飲み、満足するとあっという間に寝てしまいます。起きているときは目を大きく見開いて、まるで周りを観察しているかのよう。ときどき、とても大きな声で泣くので、びっくりさせられます。

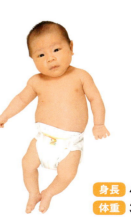

身長 49.4㎝
体重 3570g

1カ月

少しずつねんねや授乳のリズムができてくる

おもちゃを目で追えるように
目の前でおもちゃを左右にゆっくり動かすと、目で追う「追視」ができるようになります。動く範囲はまだ狭く、左右50度くらいです。

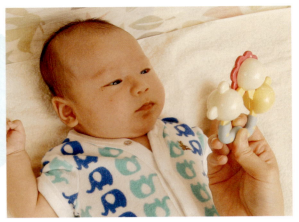

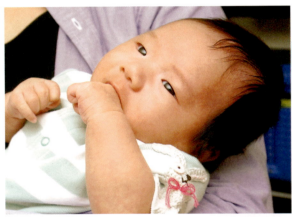

こぶしを口に持っていきペロペロ
指やこぶしをしゃぶるようになります。最初は偶然ふれた指やこぶしをなめるだけですが、やがて自分から口元へ手を運ぶようになります。

ママの表情をまねっこ
30㎝くらいまでの距離なら見えるように。顔を近づけてママやパパが口を大きく開けたり舌を出したりすると、表情をまねることもあります。

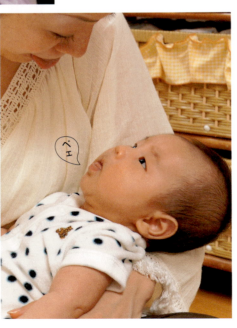

PART 2 0〜2才 男の子の発達

1カ月

標準タイプ

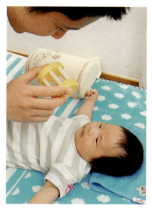

音のするほうを凝視
いちばんよく反応するのが、高い音が出る鈴のガラガラ。音のするほうを集中してじっと見つめます。

音のするほうを見つめたり、ママのあかんべーをまねして舌を出したりと、周りに興味が出てきました。パパに抱っこされるのが大好きです。パパに抱っこされると安定感がバツグンでリラックスできるらしく、パパの抱っこのほうがよく眠ります。

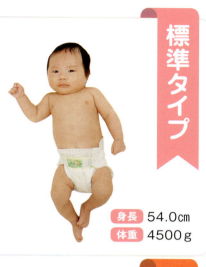

身長 54.0㎝
体重 4500g

ビッグタイプ

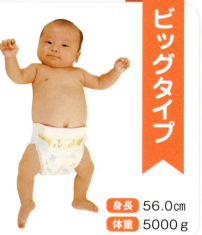

体の動きが活発に
手足をバタバタと大きく動かしたり、背中をグイっとそらせたり。ベビーベッドの上でたくさん動いて、元気に運動しています。

顔を近づけて話しかけると、しっかり目が合うようになりました。ときには、かわいい声で会話を盛り上げてくれることも。ベッドメリーが回転し始めると不思議そうにじっと見つめていて、外の世界に興味津々の様子です。

身長 56.0㎝
体重 5000g

スリムタイプ

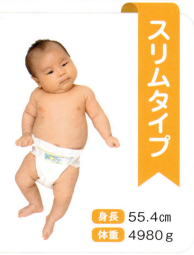

うつぶせの練習中
毎日、少しずつうつぶせの練習をしています。まだ1カ月ですが、こんなに首が上がるようになりました。首がすわるのは意外と早いかも!?

近くで声をかけると、じっと見つめてくるようになりました。目が合うとニコッと笑っているように見えることも。生活リズムは徐々に安定し、3〜4時間続けて眠るようになりました。おっぱいもよく飲みますが、吐き戻すことがあるのが気になります。

身長 55.4㎝
体重 4980g

35

2カ月

「あーうー」と声を出しうっすらほほえむことも

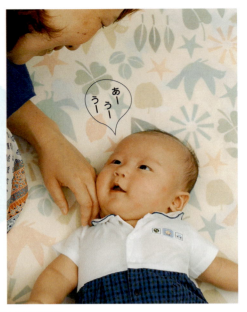

相手の目を見て声を出します

「あー、うー」と声を出すクーイングが始まります。大人が話しかけると、目をしっかり合わせて「あー」とお返事。あいづちを打っているかのようです。

細い柄のガラガラをギュッ

にぎる力がついてくる時期。柄が細くて持ちやすいガラガラなどのおもちゃを持たせると、しばらくの間、にぎっていられるようになります。

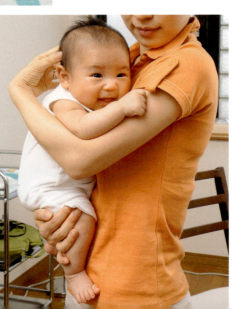

頭を支えればたて抱きもOK

完全ではないものの、そろそろ首がすわり始める子も。後頭部や首の後ろを軽く支えてあげれば、たて抱きができるようになってきます。

PART 2 0〜2才 男の子の発達

2カ月

標準タイプ

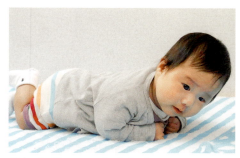

首に力がついてきました
まだほんの数秒ですが、うつぶせで頭が上がるようになりました。機嫌のいいときは、さらに高くグイっと持ち上げられることもあります。

泣き声にバリエーションが出てきました。涙を流さずに弱々しい声でぐずるときは、抱っこしてほしいと甘えているサイン。おなかがすいたときは泣きながら口元にブクブクと泡をためるので、授乳のタイミングの目安になっています。

身長 58.0cm
体重 5500g

ビッグタイプ

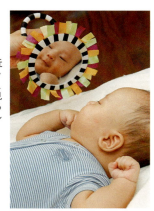

鏡に映る自分にホレボレ!?
鏡のおもちゃが最近のお気に入り。ベッドのわきに置くと、しばらくじーっと見ています。鏡に映る自分の顔にホレボレしているのかも？

以前はおっぱいを吸うのが少し苦手で、ほ乳びんを好んでいましたが、やっと母乳がたくさん飲めるように。笑ったりおもちゃを興味津々でながめたりと、表情豊かです。うつぶせにすると、ちょっとだけ頭を持ち上げられるようになりました。

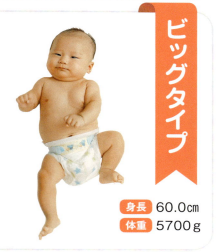

身長 60.0cm
体重 5700g

スリムタイプ

バタバタと手足を動かしています
起きている間はしょっちゅう手足をバタバタさせています。すごく力が強くて、授乳中や抱っこをしているときに、パンチやキックされると痛いほど。

表情に変化が出てきました。ほっぺをツンツンしたり、声をかけたりすると笑顔を浮かべるように。一度にたくさん飲めるようになったのか、おっぱいの回数が減ってきました。眠くなると泣いて訴えるので、抱っこして寝かしつけています。

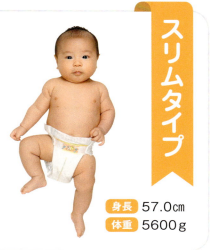

身長 57.0cm
体重 5600g

3カ月

あやすとはっきり笑い、にぎる力も強くなってくる

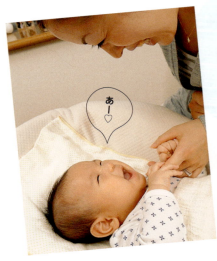

声をかけるとニッコリ笑顔

ご機嫌のときに声をかけると、ニッコリと笑顔でこたえるようになります。こちょこちょしたり、ほっぺをツンツンしたりしてあやすと、声を出して笑うことも。

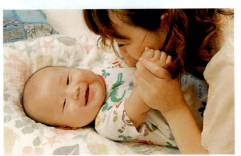

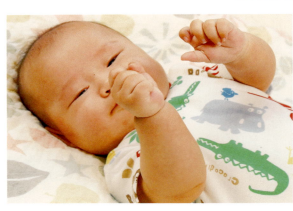

自分の手をじーっと観察

手が偶然に目の前に来たとき、「なんだろう？」というように見つめます。ただし、まだ手が自分の体の一部だという認識はありません。

少しずつものをにぎれるように

にぎる力がついてきて、つかみやすいおもちゃなら、つかんだままで観察できる子も。手にふれたタオルを口元まで引っぱり、ペロペロ。

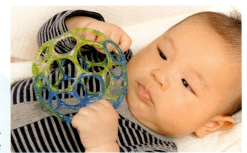

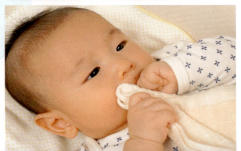

38

0〜2才 男の子の発達

3カ月

標準タイプ

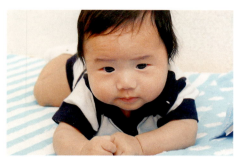

あれは何？ 対象物にロックオン
うつぶせの姿勢をかなりの時間キープできるようになりました。目線が高くなってワクワクしているようで、気になるものを発見しては、じっと見つめています。

生活リズムが整ってきて、外出しやすくなりました。日中は児童館などで過ごすことが多いのですが、お友だちを見つめてさわろうとするなど、自分から積極的にアピール。気になるおもちゃに手を伸ばそうとする様子も見られるようになりました。

身長 61.0cm
体重 6100g

ビッグタイプ

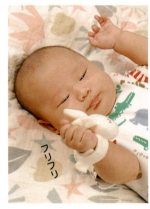

ガラガラを振ってひとり遊び
リストタイプのガラガラを腕につけると、ひとりで遊べるようになりました。意識して音を鳴らしているわけではなさそうですが、見つめたり振ったりしています。

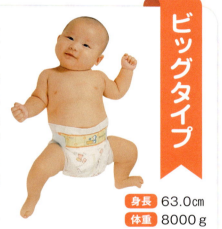

首すわりがほぼ完成。たて抱きをしても安定しているので、首を支えなくてもよくなりました。ダイナミックに体を動かせるようになり、身をグンとそらせたり腰をひねったり。まるで寝返りの準備をしているかのようです。

身長 63.0cm
体重 8000g

スリムタイプ

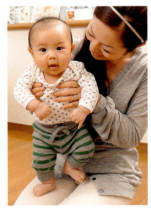

支えてのたっちでご機嫌
たて抱きが好きなので、支えれば立てるかなと思い、トライしたらこんなにご機嫌に。足をぴょこぴょこ動かして、楽しそうです。

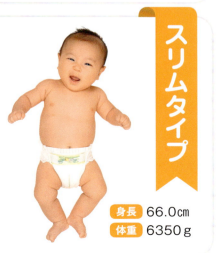

夜にまとまって眠るようになり、ひとりで遊ぶ時間が増えてきました。お気に入りのプレイマットに寝かせておくと、1時間くらいならおとなしく遊んでいます。機嫌がいいときに話しかけると、ニコニコしながら「あー、うー」とおしゃべりしてくれます。

身長 66.0cm
体重 6350g

4カ月

首すわりが完成。寝返りを始める子も

首がしっかりついてきます

赤ちゃんの手首を持って引き起こしたときに、首がしっかりとついてきたら首すわりは完成です。どんな姿勢でも自由に頭を動かせるようになります。

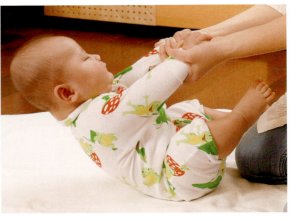

すわる姿勢が安定してくる

首がしっかりとすわるので、背中と両わきが支えられていればおすわりの姿勢も安定してきます。ご機嫌なときは、すわりながら手足をバタバタさせることも。

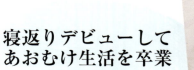

寝返りデビューしてあおむけ生活を卒業

うつぶせで遊べるようになると、ほどなくして寝返りをマスターする子も。最初は得意な方向から寝返りしますが、やがて左右どちらにも回転できるように。

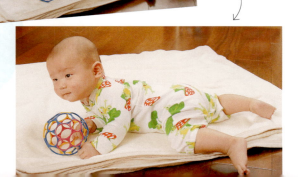

PART 2 0〜2才 男の子の発達

4カ月

標準タイプ

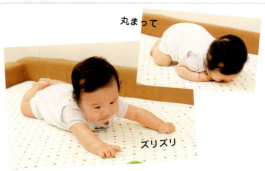

独自のずりばいを開発！
目の前にあるおもちゃがほしくて、一度丸まってから顔をこすりつけて、ズリズリと移動するようになりました。いわゆるずりばいの前段階なのかもしれません。

3カ月ごろまでひどかった夕方のグズグズ泣きが落ち着き、ひとり遊びで過ごせるようになりました。寝返りができるようになったので、自分の力で腹ばいになれるのもうれしいようです。長い時間、腹ばいで過ごして遊んでいます。

身長 64.0cm
体重 6900g

ビッグタイプ

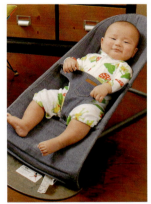

バウンサーで気分をチェンジ
寝ているだけではもの足りなくなってきているようです。バウンサーやベビーベッド、床でゴロゴロなど、場所を変えて遊んでいます。

4カ月にして体重はほぼ9kg、おむつは早くもLサイズになりました。外出先でも知らない人から「大きいねえ！」と声をかけられるほどです。寝返りができるようになり、手にふれたおもちゃはなんでも口に入れてなめています。

身長 64.6cm
体重 8840g

スリムタイプ

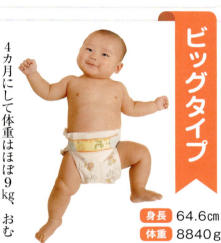

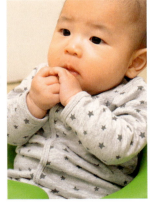

両手を合わせてひとり遊び
朝、寝起きの状態でベビーチェアにすわらせていると、両手をニギニギ、ぺろぺろ。ひとりで機嫌よく遊んでいます。

夜は8時くらいに寝て、夜中も1回起きる程度で朝までぐっすり。生活リズムが安定したのか、お昼寝もだいたい同じ時間です。寝返りはもうすぐできそうな様子。足を上げたり体をひねったりしているので、たまに大人が寝返りを手伝います。

身長 66.5cm
体重 6250g

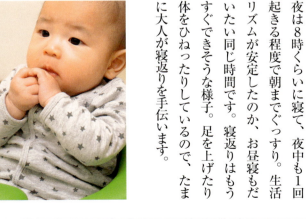

5カ月

離乳食がスタート。少しずついろいろな味に慣れさせて

まずは離乳食に慣れることから

離乳食が始まります。最初は口から出してしまうこともありますが、今の目的は母乳やミルク以外の食事に慣れること。あせらずに進めていきましょう。

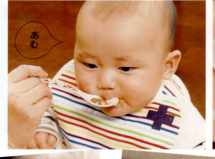
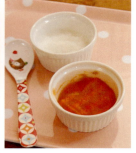
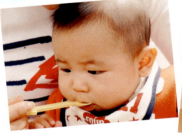
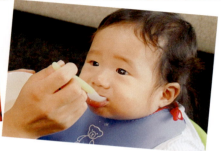

支えてあげればおすわりもOKに

支えがあれば、おすわりの姿勢がとれるようになります。ただし、腰はまだしっかりしていません。突然、前や後ろに倒れることがあるので注意してください。

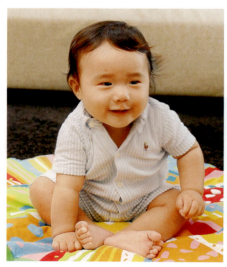

後ろから声をかけると振り向く

首が自由に動かせるようなり、後ろから聞こえる呼び声や音に反応して、振り向くようになります。小さな音でも意外に気づいて振り向きますよ。

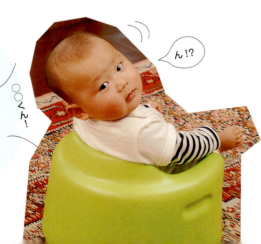

PART 2　0〜2才 男の子の発達

5カ月

標準タイプ

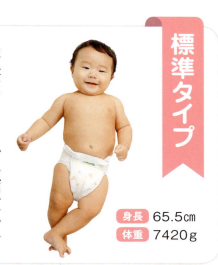

身長 65.5cm
体重 7420g

離乳食はスタートから順調です。一口目をうれしそうにパクリ。その後は小さな猛獣のようにガブガブと音を立てながら、前のめりで食いついてきました。連続寝返りもマスターし、おもちゃに向かって部屋中を大移動しています。

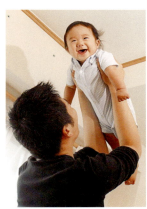

スーパーマンになった気分♪
ダイナミックな遊びが大好き。背の高いパパにたかいたかいをしてもらうと、声を出して大はしゃぎしています。

ビッグタイプ

身長 67.0cm
体重 10.4kg

とにかくなんでもつかんで、すぐに口に持っていきます。おもちゃやママの服など、興味を持ったものにたっぱしから手を伸ばします。離乳食は、初日からいやがらずにパクパク。にんじんなどの野菜も、最初から気に入って食べています。

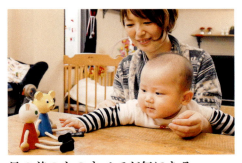

目の前のものすべてが気になる〜
目に入るものすべてに興味津々！　テーブルの真ん中に置かれた人形にも一生懸命に手を伸ばし、キャッチにみごと成功しました。

スリムタイプ

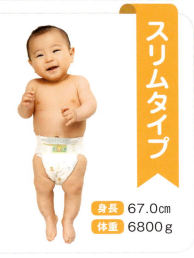

身長 67.0cm
体重 6800g

歯が生え始めて歯ぐきがかゆいのか、歯がためをよくかんでいます。まだ寝返りができないので大人がうつぶせにしてあげると、少しの間なら遊べるように。目の前にほしいものがあると、下に敷いてあるタオルごと引っぱって手に入れています。

歯が生えてきました
授乳中に「痛いなあ」と思い、口の中を見てみると、歯が生え始めていました。今はまだ、歯の先端部がうっすらと見えてきている状態です。

6カ月

おすわりが安定してくる。早い子はずりばいで移動も

おすわりして遊べる子も

おすわりが安定してきます。少しの間なら支えなしですわっていられる子、支えなしでひとり遊びができる子など、発達には個人差があります。

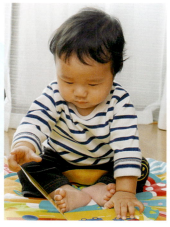
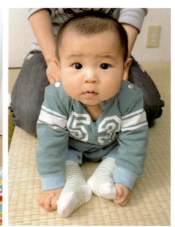

視界から消えたおもちゃを探す

視界からおもちゃが消えるとすぐに忘れてしまっていたのが、探すようになります。「見えなくなったのは、どこかに落ちたから」などと、ものごとの因果関係が少しずつわかってきています。

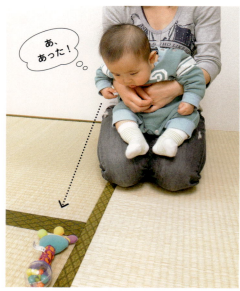

あ、あった！

おもちゃを手に持ちかじって確認する

おもちゃを見つけるとまず目で確認し、次に手を伸ばして正確につかめるようになります。手にしたおもちゃは、口へ運んでなめるという探索行動の対象になります。

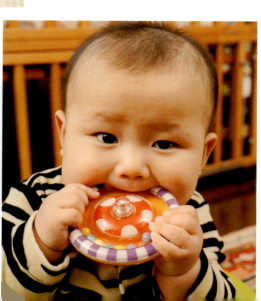

PART 2 0〜2才 男の子の発達

6カ月

標準タイプ

はいはいで どこでも行くよ！
前月にできていたずりばいからはいはいへと進化。以前とはくらべものにならないくらい行動範囲が広がり、部屋中を動き回っています。

おすわりができるようになった、と喜んでいたら、その数日後にははいはいで部屋中を動き回るので、テーブルの角にカバーをつけるなどしてケガを予防。夜泣きが激しく、3時間おきに起きてしまうのが悩みです。

身長 67.0cm
体重 7550g

ビッグタイプ

たっちの予行練習で大喜び
ママにわきの下を支えてもらうと、両足をピンと突っ張ってたっち。自分の足で立っている感覚が楽しいのか、こんな満面の笑顔に。

腰がしっかりしておすわりが安定。コロンと転がってしまうことがほとんどなくなり、安心して見ていられるようになりました。スローなずりばいも開始。気がついたら「あれ？動いてる」という程度のペースですが、じりじりと前に進んでいます。

身長 72.0cm
体重 10.4kg

スリムタイプ

お気に入りのポーズは足持ち
まだ寝返りをしていません。あおむけで遊んでいるときに、足を上げて自分で持つのがお気に入りのポーズに。寝返りもそろそろかな!?

少しの間ならおすわりできるようになりました。ただ、どんどん前へ倒れていくので、まだ支えが必要です。自分の名前がわかってきたようで、名前を呼ぶとほぼ確実に振り返ります。離乳食も順調。なんでも喜んでもりもり食べています。

身長 67.5cm
体重 7100g

45

7カ月

離乳食が2〜3回食に。コップを使いだす子も

ストローやコップでゴックン

スパウトやストローが使えるようになる子が増えてきます。手伝えばコップから飲める子も。最初はこぼしても、やがてじょうずに飲めるようになります。

おもちゃをしっかりにぎって抵抗

「とられるのはいや」という自我が芽生え、持っているものをとろうとすると抵抗するようになります。にぎる力がつき、しっかり抵抗します。

いやなことはぐずってアピール

意思表示がはっきりしてくる時期。ひとり遊びに飽きてぐずりだしたり、おすわりさせると泣いたり。「いや！」という気持ちを、泣くことで表現します。

ギャーン！

PART 2　0〜2才 男の子の発達

7カ月

標準タイプ

身長 69.0cm
体重 7980g

伝い歩きでゆっくり移動
伝い歩きができるようになり、ますます行動範囲が広がってきました。一歩一歩しっかりふみしめ、ゆっくりと移動しています。

ママの姿が見えなくなると泣きながら追いかけてくるようになりました。人見知りも始まり、いろいろなことを理解し感情が豊かになってきたように思います。ベビーゲートにつかまって、立ったりすわったりするスクワット遊びが大好きです。

ビッグタイプ

身長 72.5cm
体重 10.0kg

タオルでいないいないばあ！
「いないいない〜」で顔にタオルをかぶせて、「ばあ」でオフ！　タオルをどけると、とびっきりの笑顔に。声を出して笑います。

まるでおしゃべりをしているみたいに、声を出すようになりました。言葉への準備が進んでいるのかもしれません。日用品など身の回りのものへの興味も増して、表情はさらに豊かに。お玉やボウルなどの台所用品を、おもちゃにして遊んでいます。

スリムタイプ

身長 67.7cm
体重 7520g

セサミストリートのDVDを見るのが大好き。時間を決めて見せていますが、終了時に私が近くにいないと、「終わった」と報告するように声を出すのでびっくりします。離乳食を2回食にしましたが、食べムラがあるのが今の悩みです。

キラキラ光る鏡から目が離せない
鏡を見せると以前は笑っていたけれど、今では手に持って、自分で顔に近づけたり離したりして遊ぶようになりました。キラキラするのが気になるようです。

8カ月

興味のあるものにはいはいで近づいていく

おもちゃが気になって突進

興味のあるものに近づこうとして、はいはいやずりばいを始める子が増えてきます。大人がおもちゃを動かすと、追いかけてくることも。

まて〜ッ！

両手でものが持てるように

指先の繊細な動きが発達し、両手でじょうずにものを持てるようになります。マグを両手でしっかり持ち、離乳食のスプーンなどを持ちたがることも。

音を出して大喜び

手でものをたたくことや、ものをテーブルにたたきつけて音を出すことを喜ぶようになります。音の出るおもちゃを渡すと喜んで遊びます。

PART 2　0〜2才 男の子の発達

8カ月

標準タイプ

「はぁ—!」「いないいない」

カーテンを使って、いないいないばあ！
ママのまねをして、カーテンを使ったいないいないばあをするようになりました。タイミングを合わせて「いないいない……」と声をかけてあげると大喜び。

人見知りが1カ月ほどで落ち着き、誰に対しても笑顔を振りまくようになりました。また、「マンマ」や「パパ」などの言葉を発するように。ほんの数秒間ですが、たっちができるようにもなり、心身ともにぐんぐん成長しています。

身長 72.0㎝
体重 8200g

ビッグタイプ

手づかみでおやつをモグモグ
赤ちゃんせんべいを手づかみ食べできるようになりました。しっかりと持ち、おやつタイムを楽しんでいます。

ママにわきの下を支えてもらうと、ジャンプしたり足を交互に出したりします。あんよの練習をしているみたい。ストローマグも使えるようになりました。最初はストローをかんでいるだけでしたが、コツをつかんでからはチューッと吸っています。

身長 73.0㎝
体重 12.0kg

スリムタイプ

「ダメッ」

「ダメ」を理解して、号泣
ママのスマホをいたずらしているときに注意されると、手を止め、ママの顔を見たあとに号泣。言葉の意味はわからなくても、口調から禁止されたことは理解しています。

2回食になりました。食べることが大好きなので、好ききらいなく完食しています。支えてあげれば立てるようになりました。視界が変わるのが楽しいのか、支えてもらってたっちのまま足をぴょんぴょん動かしてはしゃいでいます。

身長 68.0㎝
体重 7700g

9ヵ月

はいはい→つかまり立ち。移動する距離が増えていく

家具などにつかまり腕の力で立ち上がる

家具などに手をつき、腕の力で立てるようになります。最初はつま先立ちで不安定でも、だんだんと足の裏全体で体重を支えられるようになります。

「ちょうだい」に応じておもちゃを「どうぞ」

「ちょうだい」と手を差し出すと、「どうぞ」と持っているおもちゃを渡してくれます。でも熱中して遊んでいるときは、声をかけても無反応です。

口周囲の筋肉が発達。ラッパも吹けちゃう

口の周りの筋肉が発達します。吸ったり吐いたりする力が強くなるので、それまでなめて遊んでいたラッパを吹けるようになる子も出てきます。

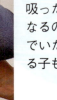

PART 2　0〜2才 男の子の発達

9カ月

標準タイプ

ほんの一瞬だけどたっちに成功
夢中になって遊んでいるな、と思ったら、突然立っていたのでびっくり！ 以来、気分が乗ってくると、一瞬ですが立つようになりました。

全身の筋力がついてきたらしく、ソファくらいの高さならよじ登れるようになりました。自分が写った写真に手を伸ばすなど好奇心もぐんぐん育っています。大人にはいはいで追いかけっこしてもらうと大爆笑。感情表現が豊かになってきました。

身長 72.0㎝
体重 8420g

ビッグタイプ

はいはいでテレビ台の扉にいたずら
テレビ台の扉を開けるワザを身につけました。はいはいで動き回ってはあちこちでいたずらするので、ケガのないように、ぶつかり対策アイテムを家中に装着しています。

9カ月健診で「1才半並みに成長しているね」と言われました。かなり大きめだと思っていましたが、月齢より9カ月も先を行っていたとは！ 声も大きめ。「ブー！」「バー！」といった濁音が発音できるようになり、元気におしゃべりしています。

身長 76.5㎝
体重 11.9kg

スリムタイプ

ストロー飲みをマスター
9カ月に入ってすぐにストロー飲みをスタート。はじめてトライしたときは、勢いよく吸いすぎてびっくりしていました。

ローテーブルにつかまって立ち上がったかと思えば、そのまま伝い歩きまで披露。いすにつかまって立ち、そのままいすを押しながら歩くことにもハマっています。自己主張もしっかり。おやつ中にマグを渡しても、いらないと手で押し返してきます。

身長 68.0㎝
体重 8100g

10カ月

つかまり立ち→伝い歩き。早ければ歩きだす子も

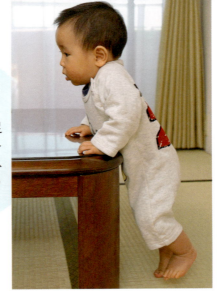

好奇心が伝い歩きのきっかけに
つかまり立ちから、少しずつ足を動かしての伝い歩きがスタート。離れたところにあるものへの好奇心や、さわりたいという欲求が、行動のきっかけに。

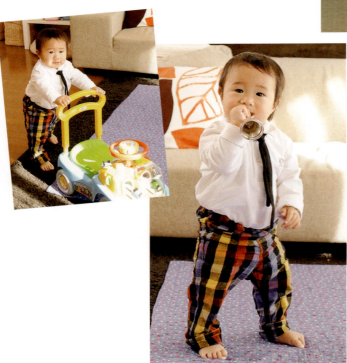

足腰がしっかりしてすくっと立てる子も
背筋を伸ばし、安定して立てる子も出てきます。手押し車を押しながら家の中を移動するなどの遊びが楽しくなってくる時期です。

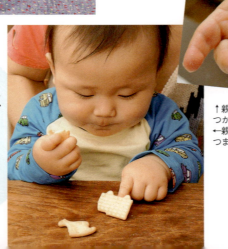

親指と人さし指でものがつまめるように
親指と人さし指で、小さめのものをつまめるようになります。親指とほかの指でつかんでいたころより、指先まで神経が発達した証しです。

↑親指とほかの指でつかんでいたのが
←親指と人さし指でつまめるように。

52

PART 2 0〜2才 男の子の発達

10カ月

標準タイプ

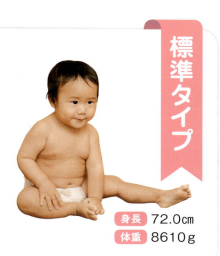

身長 72.0cm
体重 8610g

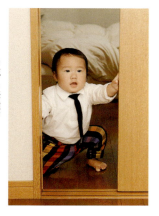

引き戸を開けてこんちは〜
引き戸を開けられるようになり、行動範囲が広がりました。戸のすき間に手を差し込み、そのまま横にずらしてじょうずに開けています。

まねっこしたいお年ごろ。ママが「あれ〜?」と言いながら、体を横に傾けると、それをまねするようになりました。パパがボールを投げてお手本を見せると、それもまねっこ。ぎこちないながらも、ボールのやりとりができるようになっています。

ビッグタイプ

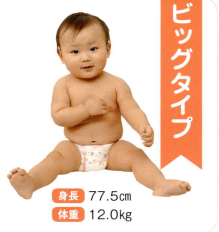

身長 77.5cm
体重 12.0kg

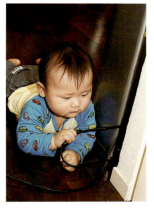

家電のコードが気になる〜
コードを見つけたら、引っぱらずにはいられない! 目立たないように隠す親と、すかさず見つける子との知恵くらべになってきました。

おだやかな子でしたが、最近、自己主張が少しずつ出てきました。眠くなると泣きながらママのところに来るなど甘えるような行動も増え、心の成長を感じます。階段に両手をついて立ち上がろうとしているので、つかまり立ちももうすぐです。

スリムタイプ

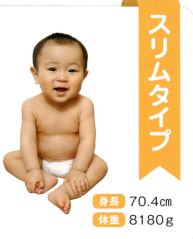

身長 70.4cm
体重 8180g

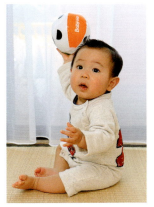

投げてはとってをくり返し
ボールを片手でポンと放り投げるようになりました。投げたらはいはいでボールをとりに行き、また投げるのが楽しいようです。

はいはいができるようになり、伝い歩きもし始めて行動範囲が広がりました。気になるものを見つけると、はいはいで移動して中を物色。ゴミ箱やバッグの中身を出してしまうので困っています。指先も器用になり、ボーロを指でつまんで食べています。

11ヵ月

指先がより器用に、感情はよりこまやかに

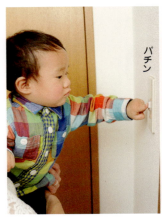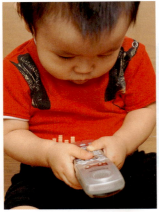

スイッチを押したり回したりが楽しい！

指先に力を入れることができるようになります。家電製品のスイッチやスマホ、携帯などに興味を示して、ボタンやスイッチを何度も押します。

大好きなママをひとりじめ

ママが愛犬を抱っこしていることに気がつくと、自分も抱っこしてほしいとアピール。焼きもちをやくのは、心が成長してきた証しです。

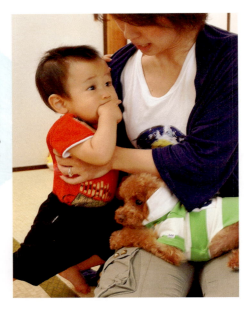

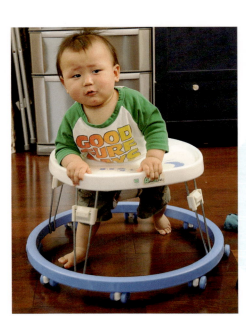

歩きたい気持ちで前のめりに

歩く準備が整ってきます。歩行器に乗ると移動したい気持ちが先行するため、ついつい上半身が前のめりに。まだあんよ初心者といった感じです。

PART 2 0〜2才 男の子の発達

11カ月

標準タイプ

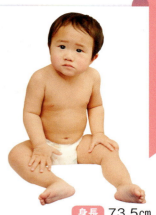

言葉の理解が少しずつできていたようで、先日「パパ」と口にしました。偶然かなと思ったのですが、「パパ」と言いながらパパに近づいていくので、意味もきちんと理解している様子。自分で食べたがるなど自我も芽生えてきています。

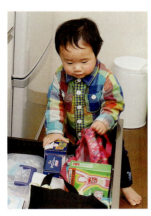

せっせと自分でお片づけ
積み木などのおもちゃを愛車のシート下に収納しています。遊び飽きたら自分でしまうようになりました。

身長 73.5cm
体重 9020g

ビッグタイプ

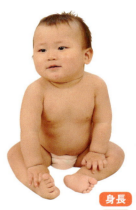

意思表示がはっきりしてきました。上の子が無理やり顔を近づけたり、きらいな人形を見せられたりすると、手でグッと押して遠ざけようとします。甘えん坊もますます進行中。眠いとき、甘えたいときにはママによじ登って抱っこを催促してきます。

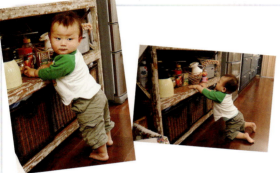

つかまり立ちをマスター
手ごろな高さの棚につかまってヒョイッと立てるように。今まで届かなかった場所までがいたずらの範囲に！ 目が離せません。

身長 79.0cm
体重 12.2kg

スリムタイプ

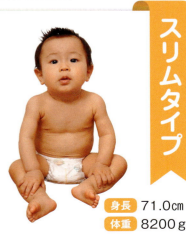

大人の言葉をかなり理解できるようになりました。たとえば、「いいこいいこするんだよ」と教えたら、愛犬をなでることができるように。「ちょうだい」「どうぞ」もマスターし、洗濯物を干すときに洗濯ばさみを渡すお手伝いもしてくれます。

同じ月齢のお友だちに興味が
5カ月のときに区民センターで知り合ったお友だちが遊びに来ました。今まではそれぞれ勝手に遊んでいたのが、少しずつお互いを意識するようになってきました。

身長 71.0cm
体重 8200g

1才

ひとり立ちが完成。クレヨンでなぐり描きをする

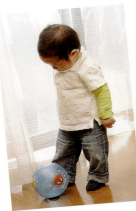

うまくバランスをとって、ボールをキックできるようになりました。

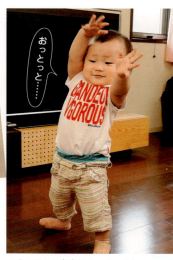

おっとっと……

おすわりから自力でたっち。でも、すぐバランスをくずしてしまいます。

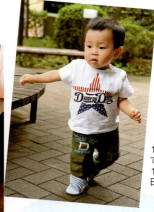

1才前にはひとりで歩けるように。1日1回の散歩が日課です。

伝い歩きもあんよもその子なりに発達

ひとりで立てる子が増えますが、ようやくつかまり立ちという子からじょうずに歩く子まで、発達には個人差が。ほかの子とくらべる必要はありません。

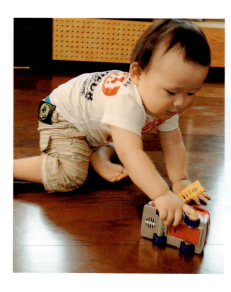

車の操作方法を理解して遊ぶ

おもちゃの車の操作方法を理解し、自分で走らせて楽しむようになります。肩からひじや手首にかけて、複数の関節を調節しながらの動作です。

クレヨンを手になぐり描き開始

クレヨンでなぐり描きができるようになります。最初はクレヨンで紙をトントンたたくだけですが、やがて直線やゆるやかな線が描けるようになります。

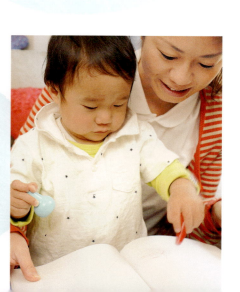

PART 2 0〜2才 男の子の発達

1才

標準タイプ

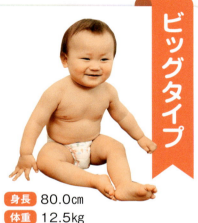

身長 75.0㎝
体重 9500g

ゆるい ふたなら 開けられるよ
あらかじめふたをゆるめたびんを手渡すと、ひねって開けられるように。少しなら閉めることもできます。

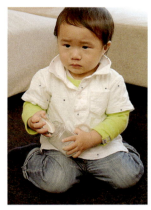

「おつーむてんてん♪」と歌ってあげると、歌に合わせて頭をポン！手遊び歌に合わせて動けるようになりました。コップ飲みができるようになり、大人と乾杯の動作も。足を組んでスマホをいじるなど、格好はすでに一人前です。

ビッグタイプ

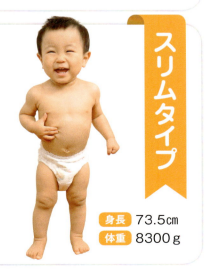

身長 80.0㎝
体重 12.5kg

上へ上へと ひたすら 上るよ
階段を上るのにハマっていて、ずんずん上を目指します。部屋の構造上、階段下にガードがつけられないので、目が離せません。

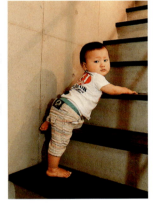

あと追いが激しくなり、「ママじゃないとダメ！」の意思表示が強くなりました。トイレ中はドアの前に待機するなど、日中はべったりくっついてきます。脚力がつき、すわった状態から立てるように。離乳食はスプーンを使い、自分で食べています。

スリムタイプ

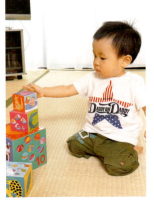

手首や指先を うまく使って 積み木遊び
箱状のものを積み重ねられるようになりました。大きい箱を下に置き、その上にじょうずに小さい箱を置いています。

読んでもらいたい絵本を自分で選んで持ってきます。DVDもデッキを自分で開け、ディスクを交換。ただし、逆さに入れることが多いので、注意して見ています。お絵描きでは線を描くことができるように。指先が器用になったなと感心！

身長 73.5㎝
体重 8300g

57

1才3カ月

ひとりで歩けるように。自己主張の芽生えも

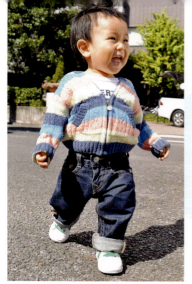

じょうずに あんよできるよ

バランス感覚とともに筋肉も発達し、足腰の力がついてきます。このころには、支えがなくてもひとりでじょうずに歩ける子が増えてきます。

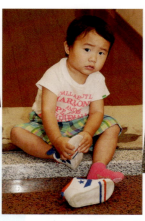

自分でやりたい 気持ちがムクムク

自己主張が強くなり、食事や着替えなどなんでも自分でやりたがります。うまくできなかったり要求が通らなかったりすると、カンシャクを起こすことも。

手先が器用になり、靴が自分で脱げるようになります。

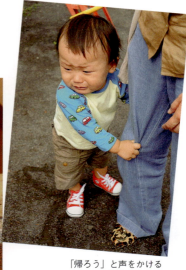

「帰ろう」と声をかけると、ママの足をつかみ「いや」とアピール。

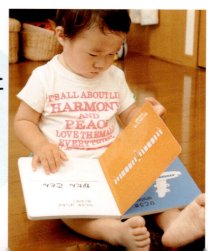

絵本のページを 1枚ずつめくるように

絵本に興味を持つように。親指と人さし指2本を使ったこまかい動作が可能となるので、厚紙のページを1枚ずつめくることができるようになります。

PART 2 0〜2才 男の子の発達

1才3カ月

標準タイプ

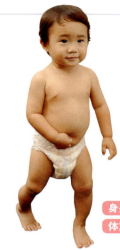

身長 77.2cm
体重 9800g

保育園に通い始め、内気な性格がわんぱく男子へと変貌。公園で追いかけごっこをしたり、臆することなくすべり台に挑戦したりと、外遊びに夢中です。自分で靴を脱ぐことができるようになり、手伝われるのをいやがります。

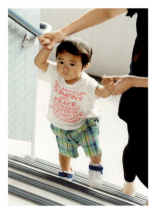

一段一段しっかり上ります
階段が上れるように。写真では両手を持っていますが、低めの階段なら片手をつなぐだけで危なげなく上ります。

ビッグタイプ

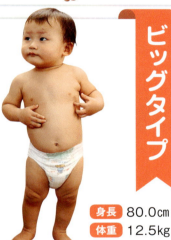

身長 80.0cm
体重 12.5kg

まだ危なっかしいのですが、あんよができるように。転んだり疲れたりすると、はいはいに戻っていたのでひと安心。遅いかな?と思っていたのでひと安心。外遊びの楽しさにも目覚め、近所の公園のブランコに乗ると、「もう1回」が果てしなく続きます。

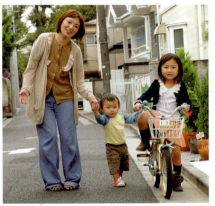

靴をはいてお散歩中
ちょっとぎこちないけれど、あんよができるようになりました。靴をはいてのお散歩だって、ごらんのとおり。力強い足どりです。

スリムタイプ

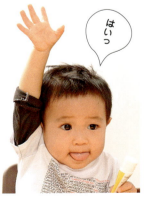

身長 75.0cm
体重 8500g

「○○とってきて」と頼むと持ってきたり、名前を呼ぶと手を上げて返事をしたり。大人が話している言葉をちゃんと理解しています。散歩に出かけたときにバスを見つけると「あっ、バス」と指さすことも。意思の疎通がはかれるので楽しいです。

手を上げてじょうずにお返事
（はいっ）
名前を呼ぶと、手を上げて「はい」と返事をします。その姿がかわいいので、ついつい1日に何度も呼んでしまいます。

1才6カ月 ひとり歩きに慣れ、小走りする子も

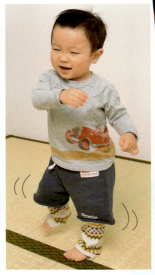
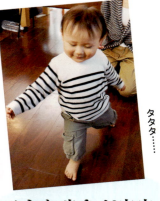

ひとり歩きが安定。走ったり踊ったりも
ひとり歩きが上達します。立ったりしゃがんだりも自在で、小走りする子も出てきます。リズムに合わせて、手足や体を動かすことができるように。

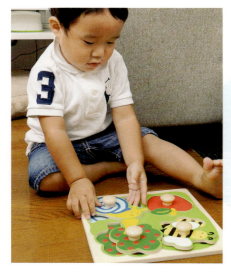

少しのサポートで簡単なパズルを完成
丸、三角、四角など、基本的な形の区別がついてきます。簡単な形で大きめのピースのパズルなら、大人がちょっと手伝ってあげれば、はめて遊べるように。

コップからコップへ水を移せるよ
腕の筋肉が発達し、ひじをついて支えなくても、手首の繊細な運動ができるように。片方のコップを目指して、手首を調節して動かすことができます。

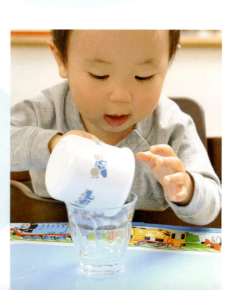

PART 2　0〜2才 男の子の発達

1才6カ月

標準タイプ

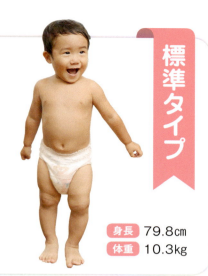

身長 79.8cm
体重 10.3kg

トイレの練習をスタート

おしっこの間隔があいてきたので、トイレトレーニングを開始しました。朝起きたらトイレへ連れていきますが、残念ながらまだ一度も成功していません。

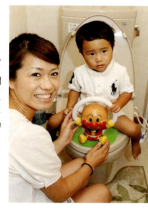

歩くだけでなくかけ足もできるようになりました。ずっと走り回っているので、つかまえるのが大変なことも。保育園に行ってからスプーン使いがじょうずになりました。ヨーグルトなどをこぼすことなく、最後までひとりで食べられます。

ビッグタイプ

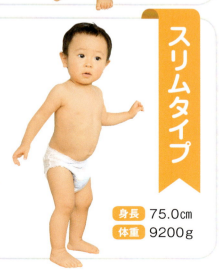

身長 83.0cm
体重 13.7kg

電話ごっこで「あい？」とおしゃべり

ママが使わなくなった携帯がおもちゃがわり。耳に当てて「あい？ あい？」と話す様子は、なかなかリアルです。

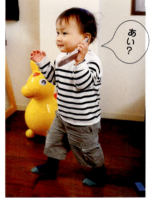

あい？

おっとりタイプで発達はゆっくりめでしたが、バイバイや拍手ができるようになりました。小走りで部屋中を走り回ったり、ダイニングテーブルの上によじ登ったり、やんちゃ具合にはますます磨きがかかっています。

スリムタイプ

身長 75.0cm
体重 9200g

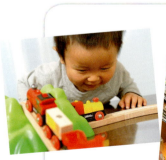
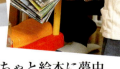

乗り物のおもちゃと絵本に夢中

乗り物が大好き。おもちゃの電車がトンネルから出てくると、「きゃー」と大喜びします。乗り物の絵本は毎日見るので、1カ月でボロボロになってしまいました。

「ダンス踊って！」と声をかけると、その場でグルグル回ったり、ステップをふんだりして踊ります。「ないないして」と言うと、遊んでいたおもちゃを箱の中にお片づけ。パパが乗っている電車の写真を指さして「パパ」と言うことも。

61

0ヵ月～1才6ヵ月 体の発達の目安

男女の差はありません

0ヵ月～1才6ヵ月の赤ちゃんの体や運動面の発達でポイントとなるのは、「首がすわる」「おすわりする」「立つ」「歩く」の4つの項目です。また、「歯」は見た目にあきらかなので、いつごろ生えるのか気にする人が多いですね。チャートの帯にある月齢は、多くの赤ちゃんにその発達が見られる時期をあらわしています。寝返りとはいはいは個人差が大きく、しない子も。発達の必須項目ではないので、しなくても心配しないで。

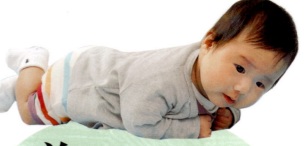

2～5ヵ月

首がすわる
生後2カ月ごろからだんだん首がすわってきます。赤ちゃんをゆっくりと引き起こしたときに、首がついてくれば首すわりは完了です。

2カ月。重力にさからい、頭を少し持ち上げられるように。少しずつ首がすわってきています。

はいはいをしない子もいます
すわったままおしりをずらして移動する子、はいはいなしでつかまり立ちをする子もいます。はいはいしなくても、問題はありません。

6ヵ月

0ヵ月

3～9ヵ月

最初の歯が生える
最初の歯は下前歯という子が多いですが、上前歯や横の歯から生えてくる子も。時期は個人差が大きく、目安からはずれても心配ありません。

PART 2　0～2才 男の子の発達

体の発達の目安

←6カ月。まだ前傾姿勢になることがあります。

↘10カ月になるとこんなにしっかり。支えなしで、すわった姿勢が保てるようになりました。

ひとりで歩く
はじめのうちはバランスをとりながらよちよち歩きます。だんだんと距離が長くなり、歩幅も狭まってきます。

おすわりする
腰がしっかりしてくると、おすわりができるようになります。最初は不安定ですが、8～9カ月ごろにはぐらぐらしなくなります。

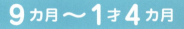
10カ月～1才6カ月　　6～10カ月

1才6カ月

1才

9カ月～1才4カ月

1才3カ月～2才

走る
ひとり歩きが上達してくると、徐々にスピードアップして小走りするように。突然かけ出すこともあるので、道路では手をつなぎましょう。

ひとりで立つ
つかまり立ちから始まり、足の裏に重心をかけて体を支えることを覚えると、ひとりで立つように。慎重な性格だと遅めになることがあります。

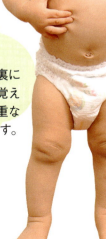

手・指の発達の目安

0ヵ月～1才6ヵ月

〈男女の差はありません〉

生後すぐの赤ちゃんには、手のひらに何かがふれると強くにぎり返す「把握反射」があります。それが徐々に減り、自分で手を開いてものをつかみ始めるのが3～4ヵ月。6ヵ月ごろには自分からおもちゃに手を伸ばすなど、手や指を使った外の世界への働きかけが始まります。

その後、指のこまかい動きが発達し、肩や腕、手首の関節がしっかりしてくると、複雑でこまやかな動きでものを扱えるようになっていきます。

6ヵ月　自分で手を開いてものをつかむ

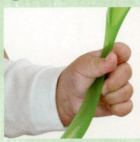

スプーンを持たせてあげると、感触を確かめるようにニギニギ。一度持ったらなかなか離しません。

0ヵ月　ほしいものに手を伸ばす

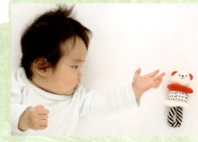

周りのものをとり込む力が育ち、目標をとらえて、そこに向けて手を動かすようになります。

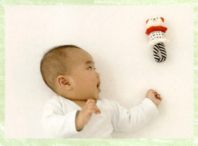

ガラガラを発見。ちょっと遠いけれど腕を伸ばしてとろうとします。そのまま体全体を動かすことも。

PART 2 0〜2才 男の子の発達

手・指の発達の目安

コップからコップに水を移す

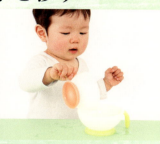

コップを目指して肩やひじ、手首の動きを調節。腕を宙に浮かせてこれを行うのは、実はすごいこと。

親指と人さし指で小さいものをつまもうとする、つまめる

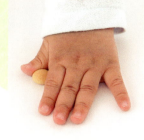
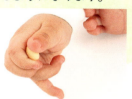

最初は手のひら全体でものを持ちますが、やがて親指とほかの4本の指をうまく使い、つまめるようになります。

1才6カ月

1才

びんを傾けてボーロを出す

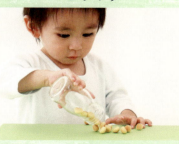

肩と腕を上げて手先をコントロールするのがじょうずに。傾けると、ボーロが出てくることも理解しています。

何かを書こうとする

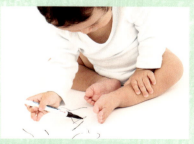

肩の関節がしっかりしてくると、手を左右に動かせるように。最初は点々からスタートです。

両手で積み木を打ち鳴らす

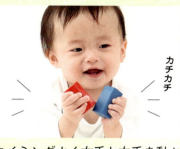

カチカチ

タイミングよく右手と左手を動かして打ち鳴らします。手首のこまかい調整が必要な動きです。

65

言葉の発達の目安

0ヵ月～1才6ヵ月

女の子がやや早いといわれますが、統計的に大きな差はありません

声を出して笑う

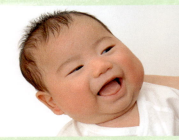

「心地よい」という感情が徐々に生まれ、よく笑うようになります。発声器官が発達してきた証拠です。

大きな音に反応する

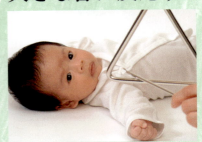

視力は未熟ですが聴覚は発達しています。大きな音を鳴らすとピクッとするなど反応を示します。

0ヵ月

6ヵ月

声のするほうに振り向く

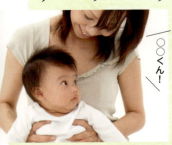

○○くん！

それまでは物音に気づく程度でしたが、ふだんよく聞いている人の声を聞き分けて反応するようになります。体をよじり、振り返る力もついてきました。

3～4カ月ごろには「あー」「うー」と母音が発声できるように。やがて、唇や舌を使って子音も出せるようになります。10カ月ごろには相手の言葉に意味があることを理解し、1才ごろから意味のある言葉が出始めます。言葉の発達は女の子のほうが早いといわれ、実際にそうした研究もあります。ただ、全体に見ると大きな性差はなく、特に赤ちゃん時代の発達に統計的な差は見られません。

PART 2　0〜2才 男の子の発達

言葉の発達の目安

目、口、耳などを指示する

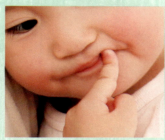

目や口を指さしできるように。これは頭の中に、自分の顔のイメージをつくれるようになったということです。

ママ、マンマなど意味のある言葉が出る

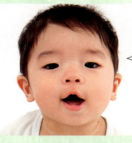

意味のある言葉を話すようになってきますが、個人差が大変大きいです。言葉が出なくても、言葉の意味を理解しているなら問題ありません。

大人の言葉に動作で返す

言葉の意味を理解し始め、動作で応じるようになってきます。「バイバイ」などは、大人が示す動作をまねしているという側面も。

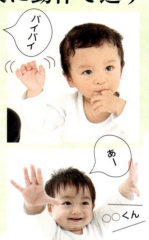

1才6カ月

1才

絵本に興味を持つ

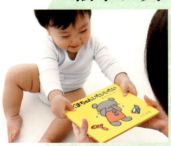

大人が読んでくれる絵本の意味が少しずつわかり始めます。物語を覚えているかのように同じページを指さし、絵本を見ながら言葉を発する子もいます。

「ダメ」の意味がわかる

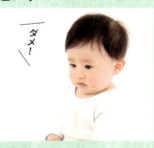

相手の声色や抑揚から、「どうやらダメらしい」ということが理解できるように。「ダメ」と言うと手を止めたりします。

人に向かって声を出す

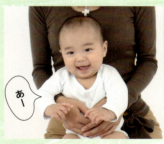

発声器官がかなり発達してきます。よくかかわってくれる人に対して、呼びかけるように声を出したりします。

0カ月～1才6カ月 社会性の発達の目安

女の子がやや早いケースがありますが、赤ちゃん時代の差はありません

社会性とは簡単にいうと、人とかかわる力のこと。社会性の発達は、いつもお世話してくれるママやパパとの関係を築くことから始まります。赤ちゃんの人見知りは、社会性が発達する過程で起こるもの。ママなど全面的に信頼できる人と、知らない人とを見分けられるようになった証拠です。この親子間の信頼関係をもとにして、赤ちゃんはほかの人ともかかわれるようになっていきます。

6カ月 人に笑いかける

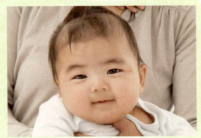

赤ちゃん自身が快適だと、自分から笑いかけるように。人と関係を持つ力がだんだん育ち始めます。

6カ月 人の声がするほうを向く

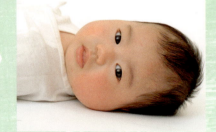

自分の意思で体が動かせるようになると、人の声に反応して意識的に見るようになります。

0カ月 うっすらほほえむ

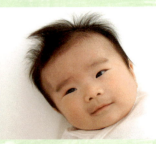

それまでの赤ちゃんのほほえみは生理的なもの。このころから心地よいときに笑みを浮かべるように。

PART 2 0〜2才 男の子の発達

社会性の発達の目安

簡単なお手伝いができる

言われたことを理解して「ものを持ってくる」「ゴミを捨てる」などの簡単なお手伝いが可能に。これらはいろいろな動作を組み合わせた高度な動きです。

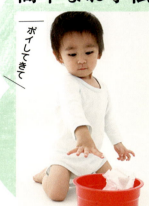

ポイしてきて

人見知りする

知っている人と知らない人とを区別して認識できるようになってきます。はじめて会った人を、けげんな顔でじっと見つめたりもします。

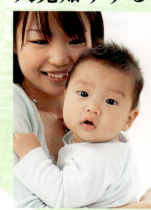

1才6カ月 ← 1才

ほめられると同じ動作をくり返す

ほめられると、それに対してさらに動作でこたえるという、気持ちのキャッチボールがスタートする時期です。赤ちゃんは、相手とのやりとりを楽しむように。

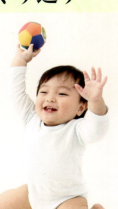

大人のまねをする

まねっこは、ものの引っぱり合いなどとは異なり、自分以外の人とのものを介さない精神的な交流といえます。意思疎通のスタートです。

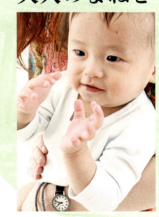

そろそろ赤ちゃん時代を卒業
男の子の**2才**はこうなります

見よう見まねで
お手伝いもできる！

おしゃべりがどんどん
じょうずになっています

身長 92.0㎝
体重 17.0kg
歯 16本（上8本下8本）

身長 83.6㎝
体重 12.1kg
歯 16本（上8本下8本）

お姉ちゃんの口調をまねして、おしゃべりがじょうずに。あやまるとき、以前はペコリと頭を下げるだけでしたが、「ママ、ごめんなしゃい」と言うように。

さかんにまねをします。料理中のママに興味津々で、サンドイッチなどをいっしょにつくることも。車が大好きで、おもちゃのミニカーがたくさんあります。

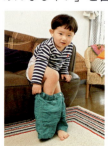

自分でズボンをはこうとします。腰上まで持ち上げるのが大変でもあきらめません。

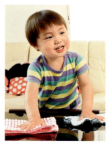

飲みものがこぼれると、ふきんをたたんできれいにふいてくれます。

70

PART 2 0〜2才 男の子の発達

2才

保育園での経験を家でまねっこ

身長 88.0cm
体重 12.8kg
歯 16本（上8本下8本）

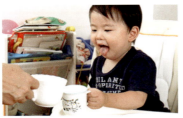

保育園の先生のまねをして、ぬいぐるみに紙芝居を読み聞かせたり、ごはんを食べさせたり。40ピースのパズルも自力で完成させるようになりました。

コップを持つと、保育園で覚えた「かんぱーい！」を披露します。

イヤイヤ期の真っ最中です

身長 84.0cm
体重 12.0kg
歯 16本（上8本下8本）

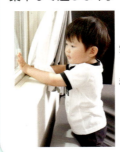

何をするのも「いや」と言いますが、わりとあっさり気分転換してくれるので助かっています。乗り物のおもちゃが大好きで、集中して遊びます。

窓から道路を見て「バス！」「ブーブ！」などと車の種類を言います。

補助便座でトイレトレーニング

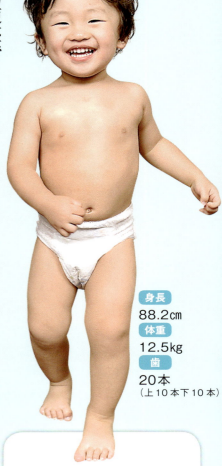

身長 88.2cm
体重 12.5kg
歯 20本（上10本下10本）

補助便座を使ってトイレトレーニングを始めました。自分でトイレに行き、便座をセットして片づけもするほどに、大きく成長しています。

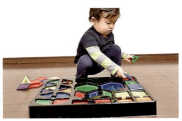

おもちゃの片づけができるように。ブロックを同じ形の場所へ戻します。

71

育て方コラム

男の子には冒険を!
男の子には試練を!

厚木市立病院泌尿器科　岩室紳也先生

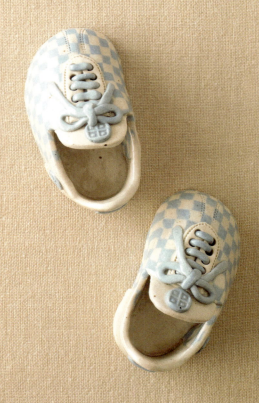

　男の子はどんなに小さくても、プライドのかたまりです。プライドがじゃまして人との関係をつくりにくい、対人関係の免疫力が弱い傾向があります。そのプライドが成長過程のどこかでへし折られ、そこから立ち直り、前に進もうとすることで、人としての器は一回りも二回りも大きくなります。それが、成熟した大人の男性の魅力でもあると思うのです。ところが最近、プライドを折られないように、大事に大事に育てられる男の子が増えているような気がしてなりません。その結果登場したのが、恋愛にガツガツしない、ギラついたところのない「草食系男子」ではないかと思っています。

　恋愛にガツガツしない男子は、自分の性的成熟に対しても淡泊です。昔はよく、男の子同士でおちんちんを見せ合い、「むけたか?」「むけない!」なんてやりとりをしたものですが、そういうことをする男の子がめっきり減りました。他人のおちんちんを見たことがない。自分のおちんちんをあれこれいじってみることをしない。30才近くなっての初体験で激痛のあまり受診してきた方は、包皮にアカがべっとりたまっていました。亀頭を刺激したことがないために、セックスの刺激に耐えられなかったのです。

　子どもには愛情をかけ、大切に育ててほしい。でもそれは、つらいこと、苦しいこと、思うに任せないことを避けて通らせることではないはずです。プライドをへし折られたときに受け止めてくれる人がいる安心感を抱かせて、どんどん冒険をさせてあげてほしい。ぜひ、試練を乗り越える体験をさせてあげてください。

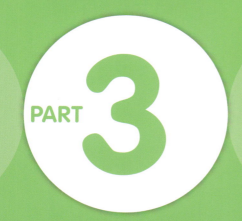

気になるけど、よくわからない

おちんちんケアとトイレトレーニング

おちんちんの構造

亀頭部と包皮は癒着していて内側にアカがたまる

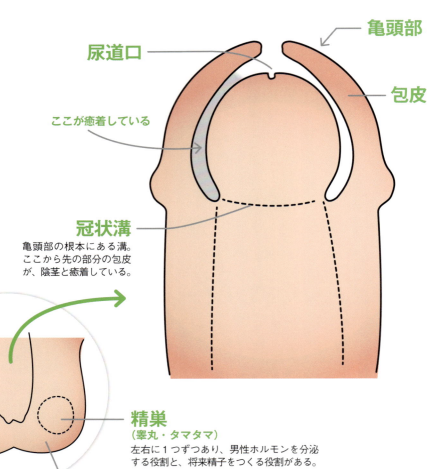

- 亀頭部
- 尿道口
- 包皮
- ここが癒着している
- 冠状溝
  亀頭部の根本にある溝。ここから先の部分の包皮が、陰茎と癒着している。
- 精巣（睾丸・タマタマ）
  左右に1つずつあり、男性ホルモンを分泌する役割と、将来精子をつくる役割がある。
- 陰嚢
  精巣（睾丸）が入っている袋。睾丸を守るため、暑いときはシワを伸ばして放熱し、寒いときはキュッと縮めて放熱を防ぐ。

赤ちゃんのおちんちんは多くの場合、上図のように亀頭部が包皮でおおわれ、包皮と亀頭部が癒着しています。この癒着は、少しずつむいて戻すのをくり返すことではがれていきます。包皮の内側は細菌が入ったりして不潔になりやすいので、清潔にしておきたいものです。

おちんちんの形や長さ、タマタマの色や大きさなど、見た目を気にする人が多いようです。赤ちゃん時代は肉づきがよいために、おちんちんが埋もれて実際より短く見えることもよくあります。

見た目が多少変わっていても、ほとんどは機能的に問題がありません。それよりもチェックしたいのは、おしっこの出方。シャーッと勢いよく出ていればいいのですが、おしっこをするときにおちんちんの先がふくらんだり、痛がったりするのは心配です。いつもと違う様子があったら、早めに受診しましょう。

74

PART 3 おちんちんケアとトイレトレーニング

おちんちんの構造

おちんちんは思春期に大きく変化する

赤ちゃんのころのおちんちんは、単なるおしっこの出口です。ただし、さわられるなどのちょっとした刺激で勃起することがあります。これは、成長の一過程なので気にする必要はありません。

おちんちんのサイズが目に見えて大きくなるのは思春期（小学校高学年〜高校生ぐらい）です。同時に陰毛が生え、精子がつくられ、子孫を残す能力がついてきます。

おちんちんの勃起が起こるのは、この時期です。赤ちゃん時代のまま包皮と陰茎が癒着していた男の子も、マスターベーションを覚えることで、癒着していた包皮がむけてくることが少なくありません。

性的な意味での勃起が起こるのは、この時期です。

おむつ替え時のふき方

1 おしっこを飛ばされないようティッシュをかぶせる

おむつをはずしたとたんにおしっこをする赤ちゃんは多いのです。男の子はおしっこが遠くまで飛ぶので、さっとティッシュをかぶせると安心です。

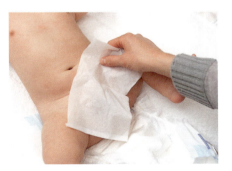

おしっこだけでは汚れているように見えないのですが、ふき残しがあると細菌が繁殖しておむつかぶれなどを起こすことがあります。おしりふきやぬらしたガーゼで、ていねいにケアしてあげましょう。おむつ替えでおちんちんやおしりをふいたあとは、しばらく空気に当てて乾かしてからおむつを当てましょう。蒸れないので、トラブルが起きにくくなります。

2 おちんちんの裏側も忘れずにふく

おちんちんの裏側やタマタマの裏、シワの間などは汚れが残りやすい部分。おしっこだけのときも、ていねいにふきましょう。

うんちのときは、女の子と同じように上から下に向かっておしりをふきます。

3 足のつけ根のくびれもきれいに

おしっこやうんちは足のつけ根のシワやくびれにも入り込んでいるので、しっかりふいて。ふき残しは肌トラブルの原因に。

おちんちんの色や形は十人十色

色や形には個人差が。おしっこの出方に注目を

「見た目がほかの子と違う？」「体にくらべておちんちんが小さいのでは？」と気にする人が多いのですが、おちんちんの見た目は十人十色です。

たとえば、タマタマの色が黒いのは胎児時代のホルモンの影響。生まれたあともしばらく続きますが、次第に薄くなっていきます。皮下脂肪に隠れておちんちんが小さく見える子は、おちんちんの根元をグッと押してみると、意外に長いことがわかるでしょう。おむつの当て方やしまい方のクセで、右や左に少し曲がっていることもあります。

受診したほうがいいケース

おしっこのときにおちんちんを痛がる
このような様子が見られるときは、亀頭と包皮の間に細菌が入って炎症を起こしている可能性があります（亀頭包皮炎）。

おちんちんの先が赤い。黄色いクリームのようなものが出る
亀頭包皮炎の可能性があります。炎症が起きているために、おちんちんがはれたり、ウミがたまったりしています。

陰嚢がふくらんでいる
鼠径ヘルニアや、陰嚢水腫の可能性があります。病院では原因を調べ、様子を見る、手術するなど適切な対応をとります。

陰嚢をさわってもタマタマがふれない。タマタマがない
胎児期におなかでつくられた精巣が陰嚢にまでおりてきていない、停留精巣の可能性。まずは泌尿器科に相談しましょう。

おしっこの出口がおちんちんの先っぽではないように見える
尿道の位置の異常である尿道下裂の可能性が。軽度のものは気づきにくいことがあります。おしっこの出口をチェックして。

PART 3 おちんちんケアとトイレトレーニング

おちんちんの色や形は十人十色

0〜2才おちんちん図鑑

ずっしりくん、スッキリくんなど、おちんちんの色や形はさまざまです。見た目は、成長するにつれて変わっていきます。

0カ月

どっしりした陰嚢。ふわふわとやわらかそう。

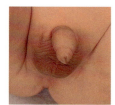
胎児時代の影響が残り、陰嚢は黒っぽく。

睾丸が重たそうで、貫禄たっぷりのおちんちん。

キュッとしまった陰嚢がコンパクトな印象です。

右向け右！ 若干右向きのおちんちんです。

先っぽが、クロワッサンのようなおちんちん。

1才

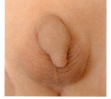
先がキュッとすぼまり、陰嚢はコンパクト。

包皮に深いシワが。思わず伸ばしたくなる!?

包皮が余りぎみ？ 医師は「まったく問題なし」。

シワシワの陰嚢と、張りのいいおちんちん。

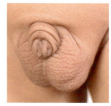
もぐり込んだ!? 皮下脂肪が消えると本来の姿に。

先っぽの包皮がクルンとなっています。

太く、長いおちんちん。陰嚢は小ぶりです。

コンパクトなおちんちん。陰嚢はどっしり。

2才

おちんちんが太く、陰嚢はコンパクト。

77

包茎と仮性包茎

「真正包茎」は必ず「仮性包茎」にできます

亀頭部が包皮でおおわれている状態を「包茎」といい、赤ちゃんはみんな包茎です。包皮と亀頭部の癒着が強く、包皮をずらそうとしても亀頭部がまったく見えない「真性包茎」の子も少なからずいます。真正包茎だと不安でしょうが、赤ちゃんのうちから包皮をずらすことをくり返して少しずつ癒着をはがせば、必ず「仮性包茎」にできます。

仮性包茎とは、「ふだんは亀頭部が包皮におおわれているが、ずらせば冠状溝（亀頭部と陰茎の境目にある溝）まで露出できる状態」。この状態であれば、包皮の内側にたまるアカをきれいにふきとることができますし、排泄も、大人になってからの性交にも問題はありません。

包皮をむくのは、生後半年くらいに始めるのがベスト。おむつ替えのたびに包皮を少しずつむいて、仮性包茎の状態にしてあげましょう。

多くの赤ちゃんはずらせば少し亀頭部が見える

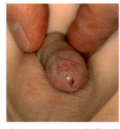

赤ちゃんはみんな包茎。包皮と亀頭部が癒着しているためですが、包皮をずらすと少しおちんちんの先が見える子が多いでしょう。

大人でも、仮性包茎の状態なら問題はない

ふだんは亀頭部が包皮におおわれていても、ずらせば冠状溝まで出せる状態（仮性包茎）なら、大人になっての性交にもなんら問題はなく、包皮を切りとる手術は必要ありません。

亀頭部が見えない真正包茎の赤ちゃんもいます

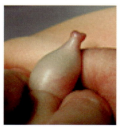

包皮がとっくり状にすぼまって亀頭部がまったく見えない真性包茎も、赤ちゃんには珍しくありません。

包皮をむく練習をすることで、真正包茎は仮性包茎にできる

真正包茎の包皮口は狭く、仮性包茎にするには何回も「むいて戻す」必要があります。おむつ替えのたびなどに1日20回ぐらい続ければ、半年〜1年で仮性包茎にできるでしょう。

PART 3　おちんちんケアとトイレトレーニング

包茎と仮性包茎

むく、むかないは家庭の判断ですが

おちんちんは成長とともに自然に皮がむけることもあります。特にパパは自身の体験から、「むく必要はない」と言う人が少なくありません。むく、むかないは家庭の判断ですが、包皮と亀頭部の間をきれいに保つのは、洗髪で頭皮を清潔にするのと同じようなことです。

⬇

むくことで清潔が保たれます

包茎の状態のままにしておくと、亀頭部と包皮のすき間にばい菌が入ったり、包皮の内側にアカがたまったりして不潔になりやすく、炎症を起こす可能性が高くなります。

1日何回むく？
「◯回以上」と決まった回数はありませんが、おむつ替えやお風呂のときなどに、1日20回を目安にむくといいでしょう。

むくのはいつごろから？
生後すぐからできます。月齢が小さいほど亀頭部への刺激をいやがらないので、なるべく早く始めるといいでしょう。

どうなったらむくのは卒業？
包皮は一度むけても、ほうっておけばまた癒着します。毎日むいて洗うのを習慣にし、3才ぐらいからは自分でやらせましょう。

どこまでむく？
最終的な目標は冠状溝まで。毎日くり返すことで、少しずつ下までむけるようになります。アカはガーゼなどでふきとりましょう。

包皮のむき方

両手の親指と人さし指を使っておちんちんのつけ根を持ち、下にゆっくりおろす。

指先につっぱり感を感じたらそのままキープ。血がにじむこともありますが、清潔にしていればすぐ治ります。

必ずつけ根を持ち、むけるところまでむいたら、汚れをふきとって戻します。

むいたら必ず戻して！

包皮をむいて亀頭部を露出したままにしておくと、右の写真のように亀頭部がむくんで包皮が戻らなくなることがあります。包皮をむいたら、必ず戻しましょう。

包皮のむけ方経過レポート

生後4カ月の赤ちゃんが、包皮をむくことにトライ。小児泌尿器科で指導を受けました。「むくかむかないか迷いましたが、おちんちんを清潔にできること、小さいうちに始めたほうがいやがらないと聞いて、やってみることにしました」(ママ談)。その結果、約4週間で包皮口が広がり、亀頭部が冠状溝まで出る仮性包茎の状態になりました。

←おちんちんの根元を持ち、包皮を少しずつおろしていきます。

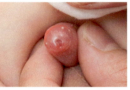

←↑やや抵抗を感じるところまで包皮をおろすと、白いものが見えてきました。これが、包皮のアカ。

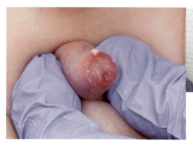

↑アカをふきとったガーゼには、うっすらと血が。「痛みは感じません。そのままにしておいてOK」と先生。

スタート時。包皮口が狭く、包皮をずらしてもなかなか亀頭部が見えません。

\ むいたあとは必ず戻す /

むいたあとは必ずすぐに戻すこと。「早くむけるようになるために」とそのままにしておくのは危険です。

むけるところまででOK。
毎日おむつ替えのたびに
10～20回、
むいて戻すをくり返す

80

PART 3 おちんちんケアとトイレトレーニング

包皮のむけ方 経過レポート

【4週間後】

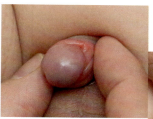
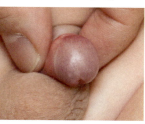

引き続き、自宅で毎日むいて戻すをくり返し、ここまでむけるようになりました。

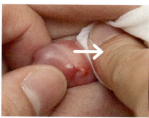
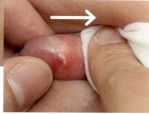

癒着が強い部分をはがします。矢印の方向に、少し力を入れて包皮をおろしました。

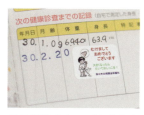
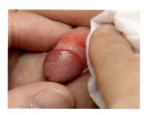

この状態をキープするために、毎日むきましょう、と指導してくれた先生。

冠状溝までむけた包皮。成長後は自分で洗い、おしっこもむいてするように教えます。

> 包皮はほうっておけば再び癒着します。冠状溝までむけたら毎日むいてキープします

【2週間後】

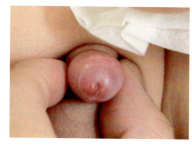

自宅でも毎日むいて戻すのをくり返し、2回目の受診。初回より、だいぶむけるようになっています。

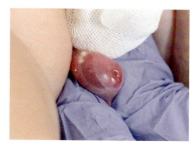

少し抵抗を感じながらグッとおろすと、大きなアカのかたまりが見えてきました。

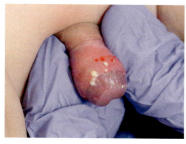

このときも、包皮の内側に少量の出血が。癒着をはがしているので、多少の出血は珍しくありません。

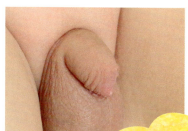

前回よりもだいぶ下までむけるようになったところで、包皮を戻しておしまい。

> 4〜5日に1mmぐらいを目安に、むく範囲を広げていく

おちんちんのこと Q&A 見た目の疑問

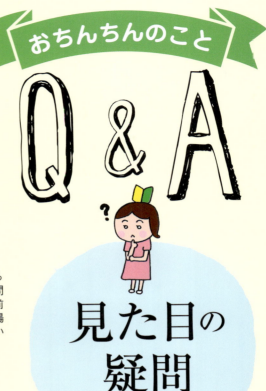

Q タマタマの色が真っ黒です。どうして？
おなかにいたときのホルモンの影響。心配ありません。
赤ちゃんの陰嚢が黒っぽいのはよくあること。おなかにいたときにママのホルモンの影響で黒ずみ、生まれたあともその名残があるのです。次第に色が薄くなってくるので、心配ありません。

Q いつも右向き（左向き）です
おちんちんの向きは寝グセのようなもの
おちんちんはたいてい、左右どちらかに向いているもの。機能的には問題ありません。ただしおしっこが前に飛ばず常に大きく曲がって飛ぶ場合は医師に相談を。病気が隠れている可能性があります。

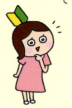

Q おちんちんがすごく小さくて短いような気がします
皮下脂肪に隠れて見えていない部分も
小さい子は皮下脂肪が多く、恥骨周辺の肉に埋もれておちんちんが見えていないことが多いのです。成長につれて脂肪が減ると、本来の長さが見えてきます。

Q おちんちんが赤くなっています
ただれ、炎症が起こっていることも
赤くなっているということは、炎症を起こしている可能性があります。かゆみがあるかもしれません。しっかり洗って清潔を保ちましょう。何日も続くようなら受診して。

Q 赤ちゃんなのに勃起します
日常的に起こります。性的な意味はありません
赤ちゃんでも勃起はします。寝ているときにピョコンと立ったり、おむつ替えのタイミングでかたくなったり。赤ちゃんの勃起に性的な意味はありません。おちんちんの成長過程のひとつなので、安心して。

Q 陰嚢がだらんとしたりキュッと縮まったり、時々形が変わります
温度と緊張で大きさ、形が変化します
陰嚢には、精巣を守るための温度調節の働きがあります。暑いときはだらんと伸びて放熱し、寒いとキュッと縮まって放熱を防ぐのです。また、緊張したりびっくりしたりすると精巣が上がり、大きさが変わります。

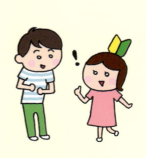

PART 3 おちんちんケアとトイレトレーニング

おちんちんのことQ&A

ケガやクセの不安

Q ずりばいでおちんちんをすりむいたりしませんか？

そういうことはないので心配しなくて大丈夫

おむつとズボンをはいていますし、ずりばいでおちんちんや陰嚢がすりむけるというのは、聞いたことがありません。歩くときにじゃまになることもありません。

Q 転んでぶつけそうで心配です

強打することはまずありません

おちんちんは両足の間にあり、また皮下脂肪に埋もれているので、バランスをくずして転んでも、強打することはありません。

Q しょっちゅうおちんちんをさわっています。やめさせるべき？

少し大きくなったら「人前ではダメよ」と教えて

おちんちんは男の子にとって、いちばん身近なおもちゃ。みんなさわるものなので大丈夫。少し大きくなったら「人前ではダメよ」と教えてあげましょう。かゆくてさわっている場合もあるので、炎症がないかチェックを。

ケアの気がかり

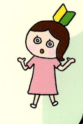

Q おしっこだけなら特にふかずにおむつを替えていい？

おむつかぶれを予防するためにやさしくふいて

おしっこに含まれる成分は、おむつかぶれの原因になります。おむつ替えのときに、おしりふきでやさしくふいてあげましょう。

Q 自分で包皮をむけるようになるのはいつごろから？

手先が器用になる3〜4才ごろから

3〜4才を過ぎると手先が器用になり、自分でできるようになります。おしっこのときにも、自分でむいてするように教えてあげましょう。

Q 3才です。これから包皮をむくことを教えられる？

時間をかけて少しずつむきましょう

時間はかかりますができます。亀頭部の刺激をいやがる子が多いですが、毎日少しずつ自分でむかせましょう。「かっこいいおちんちんにしよう！」と励まして。

Q 包皮をむくと血がにじみます。痛くないの？

痛みはありません。包皮を戻しておけばすぐ止血します

包皮の癒着をはがすときに少し出血することがありますが、赤ちゃんはほとんど痛みを感じていません。血もすぐに止まるので心配しないで。

Q 「むいて洗う」「清潔に」ってどうすればいい？

亀頭部を出し、ガーゼで汚れをふきとります

包皮をむいて（ずらして）亀頭部を出し、ぬらしたガーゼやおしりふきで汚れをふきとりましょう。石けんはすすぎ残しがないよう注意を。

性器周りの病気＆トラブル

亀頭包皮炎（きとうほうひえん）

原因と症状

おちんちんの先端を亀頭といいますが、そこに細菌が感染して炎症を起こすのが亀頭包皮炎です。

赤ちゃんは亀頭が包皮に包まれた状態なので、亀頭と包皮の間に分泌物やアカがたまりやすくなっています。また、おしっこのときに亀頭が包皮に包まれたままだと、包皮の中に尿が残ることがあります。このようなことで不衛生になり、細菌感染を起こすのが主な原因です。

症状は、おちんちん全体がはれ上がったり、亀頭部や根元部分だけが赤くはれたりします。おしっこをするとしみて痛みます。おむつに黄色っぽいウミがついたり、おちんちんを絞るとクリーム状のアカが出てきたりすることもあります。

治療

炎症を起こしている部分に抗菌薬（抗生物質）の軟膏を塗って治します。抗菌薬の飲み薬を使うこともあります。

亀頭包皮炎を起こしたことがある子は、予防のためにもお風呂のときに包皮をむいて亀頭をそっと洗うといいでしょう。幼児期になると汚れた手でおちんちんをさわることがありますが、1日に1回、お風呂できれいに洗えば大丈夫です。

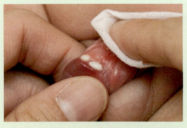
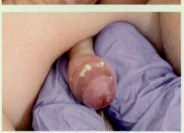
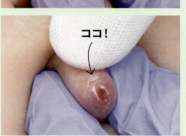

アカがたまると不潔になりやすい

亀頭と包皮の間に分泌物やアカがたまると不潔になり、炎症が起きやすくなります。白く見えるのがアカ。

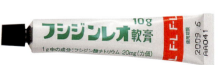
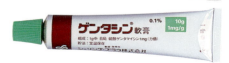

抗菌外用薬が処方されます

炎症を起こす原因となる菌の活動を抑える効果がある「抗菌外用薬」（抗生物質の塗り薬）が処方されます。炎症を起こしている部分に塗って治療します。

PART 3 おちんちんケアとトイレトレーニング

性器周りの病気&トラブル　亀頭包皮炎

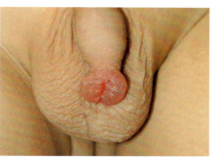
亀頭部が赤くはれ、おしっこをするとしみる。

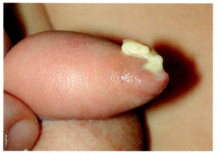
クリーム状のアカ（ウミ）が出ることも。

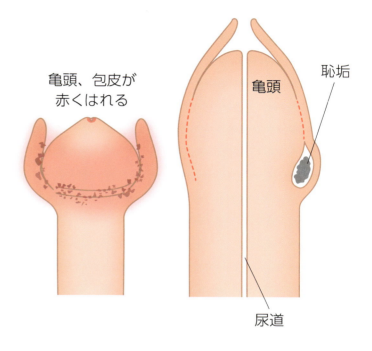

亀頭、包皮が赤くはれる

亀頭

恥垢

尿道

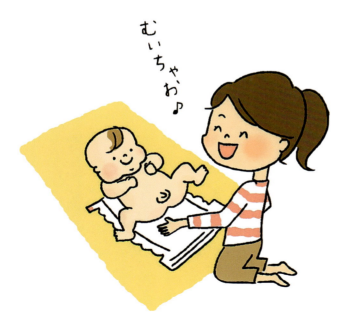

むぃちゃわ♪

かかりました！
1才3カ月のとき

早めの受診で短期間に完治

おむつ替えのときに、おちんちんが赤くはれているのに気づきました。小児科を受診すると亀頭包皮炎との診断。塗り薬と飲み薬を処方されました。特に痛がる様子はなく、指導されたとおりに薬を塗ると翌日には赤みが消え、1週間で完治しました。早めに受診してよかった。

性器周りの病気&トラブル

鼠径（そけい）ヘルニア

かかる頻度は

2.7〜4%

（30人に1人前後）

原因と症状

胎児の腹膜には、鼠径部（足のつけ根）に通路が開いています。おなかの中でつくられた精巣（睾丸・タマタマ）は、誕生が近づくとこの通路を通って陰嚢におりていきます。精巣が陰嚢内に落ち着くと、役割を終えた通路は閉じるのです。

ところが、なんらかの原因で通路が閉じず、本来はおなかの中におさまっているべき腸が鼠径部に飛び出してしまうのが、鼠径ヘルニアです。足のつけ根から陰嚢にかけて、はみ出た腸でふくらみます。はみ出しの程度により、ふくらむ場所はさまざまです。泣いたり、うんちをするためにいきんだりして腹圧がかかると、はっきりとふくらみがわかります。

また、ふくらみ方には左右差があり、押すと戻るのが特徴です。鼠経ヘルニアになるのは赤ちゃん全体の2.7〜4%といわれています。女の子よりも、男の子のほうが多く発症します。

治療

鼠径ヘルニアは自然に治ることは少ないので、手術をします。赤ちゃんの場合は体力や麻酔の安全性などを考え、生後3〜5カ月ぐらいまでは経過を観察するケースが多いでしょう。

気がついた時点で一度小児外科を受診し、手術の必要性や時期などについて、医師とよく相談することが大切です。

激しく泣くときは 至急病院へ

鼠経ヘルニアで注意が必要なのは、「嵌頓（かんとん）」です。これは飛び出した腸が締めつけられ、血流が悪くなる状態。強い痛みや嘔吐を伴うこともあります。ほうっておくと腸管壊死を起こすおそれがあるので、早く処置する必要があります。激しく泣く、ふくらみがいつもよりかたい、などの場合は、大至急受診してください。

かかりました！
9カ月のとき

陰嚢のふくらみを発見。
紹介された小児外科で手術

右の陰嚢がポコンと大きく、泣いたりうんちでいきんだりすると左の倍くらいにふくらむことに気づきました。小児科で鼠経ヘルニアと診断され、紹介された小児外科で手術。手術後は痛がりもせず、4日目には退院できました。

PART 3 おちんちんケアとトイレトレーニング

性器周りの病気&トラブル 鼠径ヘルニア

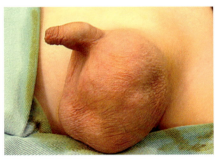
飛び出した腸が長いと、ふくらみも巨大に。

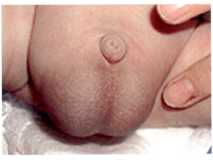
陰嚢まで腸が飛び出してふくらんでいます。

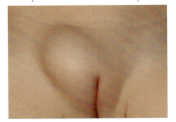
これも、陰嚢まで腸が飛び出したケース。

\女の子にもある/

向かって左側の鼠径部に、腸が飛び出しています。

> かかりました！
> 1才4カ月のとき

夜中に激しく泣き、最終的には手術しました

ある日突然、激しく泣き始め、おむつを開けると陰嚢が大きくふくらんでいました。腸が飛び出しているということで押して戻してもらいましたがその後再発。1才6カ月のときに手術しました。手術は15分ほどでした。

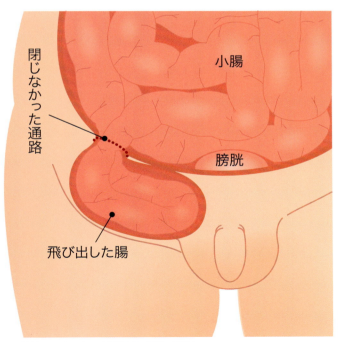

胎児のころにあった鼠径部の通路が閉じないまま生まれ、そこからおなかにあるべき腸が飛び出してしまいます。

性器周りの病気&トラブル

陰嚢水腫（いんのうすいしゅ）

原因と症状

陰嚢水腫とは、陰嚢内に体液がたまってふくらんだ状態。鼠経ヘルニアと同じく、鼠径部に開いた腹膜の通路が閉じていないことが原因で、おなかの中の水（体液）が通路を通って陰嚢内におりてきます。生後間もない男の子には、比較的よく見られる病気です。

体液がたまった陰嚢はパンとふくらんで張りがありますが、痛みはありません。鼠径ヘルニアのように中に腸が入っているわけではないので、暗い室内で懐中電灯を押し当てると赤く透けて見えます。ただ、診断のためには超音波検査を行うのが一般的です。

通路を通っておりてくる体液の量によって、陰嚢のふくらみの大きさは変わります。1〜2才ごろまでに通路が自然に閉じることともあるので様子を見ますが、痛みがあったり、腸が脱出していて細菌感染が疑われたりする場合は受診が必要です。

治療

2〜3才になっても陰嚢が大きくふくらんだままのときには、手術を考えます。陰嚢水腫は基本的にはほうっておいても問題ないのですが、幼稚園や保育園で集団生活をするようになると、周囲から指摘されて見た目を気にするようになることがあるからです。また、めったにないことですが、開いたままの通路から腸が飛び出してくる可能性もあります。

手術は全身麻酔で行います。鼠径部を約2cm横に切り開き、腹膜が飛び出しているつけ根を切り離して糸でしばり、開いていた通路を閉じます。手術後の出血や感染はまずありません。

ホームケア

経過観察する病気なので、生活上での注意点は特にありません。また、将来の生殖機能にも問題はないといわれています。

かかる頻度は

未熟児は
約30%
（3人に1人）

約10%
（10人に1人）

PART 3 おちんちんケアとトイレトレーニング

性器周りの病気&トラブル　陰嚢水腫

ふくらんだ左側の陰嚢内にあるのは体液なので、光を当てると赤く透けます。腸が飛び出す鼠経ヘルニアは、光を当てても透けません。

> かかりました！
> 1才3カ月のとき

1才3カ月で手術をすすめられ日帰り手術を受けました

1才直前に左の陰嚢がはれているのに気づき、小児科へ。「水がたまっているけれど、自然に引くかもしれない」と様子を見るように言われましたが、1才3カ月になっても変化がないため検査をして、陰嚢水腫と診断がつきました。小児外科で手術をすすめられ、受けることに。事前に「手術でおなかと陰嚢の間にある、水がおりる管を糸でしばります」など、くわしく説明してもらいました。

当日は朝9時から全身麻酔を開始。手術自体は約30分で終わり、1時間後に麻酔から覚めました。その後は病院でしばらく様子を見て16時に帰宅。陰嚢は少しむくみましたが、2〜3日すると元に戻っていました。

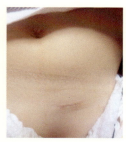

下腹部を約1.6cm切りました。傷が目立たないように、とのことで横方向に切っています。

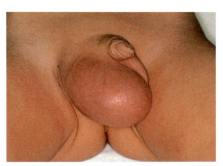

これくらい大きくても、痛みがないなら治療せずに経過を観察することが少なくありません。

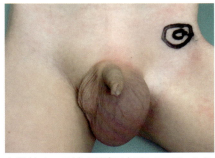

左側（向かって右）の陰嚢に水がたまっています。（※）

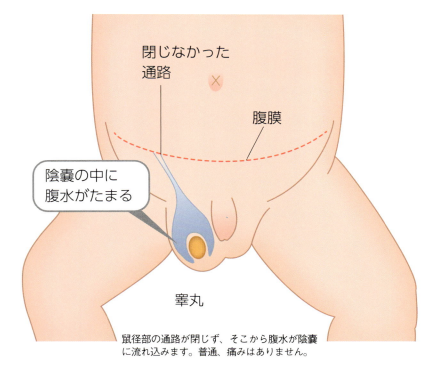

閉じなかった通路
腹膜
陰嚢の中に腹水がたまる
睾丸

鼠径部の通路が閉じず、そこから腹水が陰嚢に流れ込みます。普通、痛みはありません。

89　※写真／山髙篤行先生提供（以下同）

性器周りの病気&トラブル

停留精巣

原因と症状

陰嚢の中に精巣（睾丸・タマタマ）が入っていない状態のことで、鼠径ヘルニアを合併していることもあります。精巣は胎児のときにおなかの中でつくられ、生まれる前に陰嚢までおりてきますが、なんらかの原因で精巣がおりてこないのが停留精巣です。

男の子の先天的な病気としては珍しくなく、満期産で生まれた子の約3%、未熟児で生まれた子は33%の高確率で起こります。

症状は、陰嚢をさわってもタマにふれない、陰嚢の大きさが左右で違う、など。おむつ替えや入浴のときに、ママが気づくこともよくあります。

治療

停留精巣と診断されても、生後6カ月ごろまでには精巣が自然におりてくることがよくあります。1才の時点で停留精巣の子は1%ぐらいに減ります。そのため、すぐに治療を開始するのではなく、生後6カ月ごろまではたいてい経過観察をします。

ただ、6カ月を過ぎても陰嚢をさわったときに精巣にふれないような場合には、治療を考えなくてはいけません。というのも、精巣が陰嚢内におりてくるためには、指令を出すホルモンが何種類か必要ですが、そのうちの男性ホルモンは、生後6カ月を過ぎると分泌量が少なくなってしまうからです。

かかりました！
1才6カ月のとき

マッサージをしたところ
自然におりました

1才半健診で停留精巣とわかり、2才までに治らないと手術が必要と言われびっくり。上から下に押し下げるマッサージを教わり、お風呂上がりやおむつ替えのときにしていたところ、半月後にはおりてきてホッとしました。

かかる頻度は

未熟児は
33%
（3人に1人）

約3%
（30人に1人）

PART 3 おちんちんケアとトイレトレーニング

性器周りの病気＆トラブル　停留精巣

精巣がとどまっている腹腔内は、陰嚢内よりも体温が1～2度高いため、思春期以降の精子の形成能力への影響や、精巣のがん化の危険性が高まることが考えられます。そこで、1才前後から遅くとも2才までには手術を行います。精巣が2つある整った生殖器は男の子の性アイデンティティとして重要だとして、本人が自覚する前に手術をすべき、という意見もあります。

手術

鼠径部をさわると精巣にふれる場合は、精巣を陰嚢におろして糸で固定する「精巣固定術」を行います。ただし、1回の手術ではおりきらないこともあります。体の表面をさわっても精巣がふれないときは、腹腔鏡で精巣の有無を調べ、手術が必要か、必要ならいつ行うかを決めます。

また、陰嚢内に精巣がふれたりふれなかったりする状態を「移動性精巣」と呼びます。これはあまり心配がなく、リラックス時に陰嚢内に左右同じ大きさの精巣が確認できれば治療は不要です。

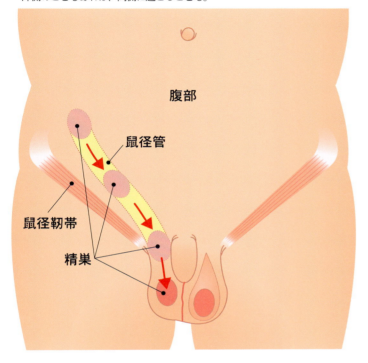

精巣がとどまる位置は、おなかの中、鼠径管の上部、下部、陰嚢の近くなどさまざま。片側のこともあれば、両側に起こることも。

腹部
鼠径管
鼠径靭帯
精巣

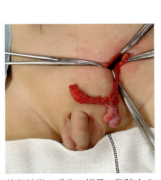
停留精巣の手術の様子。腹腔内の精巣を陰嚢におろします。（※）

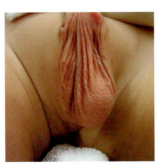
右の精巣（向かって左）がおりてきていません。（※）

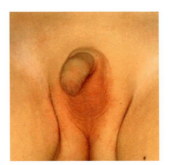
精巣が両方ともおりてきていません。左右とも陰嚢はカラです。（※）

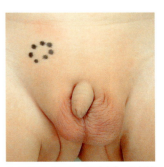
右の精巣（向かって左側）が点線部分にとどまっているため、右の陰嚢が左より小さく、精巣にふれません。

性器周りの病気&トラブル

尿道下裂（にょうどうかれつ）

尿道下裂は、たいてい生まれてすぐに発見されます。ただし軽症の場合だと、ある程度成長してから、おむつ替えのときにおしっこの出る位置や飛び方がおかしいことから気づかれることもあります。

尿道下裂は命にかかわる病気ではありませんし、おしっこを出すことにも問題はありません。しかし将来、性器の形が人と違うことでコンプレックスを持つようになったり、正常な性交渉ができなくなったりする問題が起こる可能性があるため、もの心がつく前の1才〜1才6カ月の間に手術を行うのが理想とされています。手術は2回に分けて行う場合も少なくありません。

手術では、尿の出口を新しくつくり、曲がったおちんちんをまっすぐにします。とても繊細な手術のため、熟練した小児外科医の手技が必要です。

原因と症状

おしっこを体外へ排泄するための管を尿道といいますが、この出口が生まれつき正常な位置にない病気です。先天的なおちんちんの異常です。胎児期に尿道がつくられるとき、出口の位置がうまく定まらないためにこのような状態になると考えられています。重度の場合は、おちんちんのつけ根や陰嚢に尿道口ができていることもあります。

この病気は小さく生まれた赤ちゃんに特に多く、赤ちゃん全体では300〜500人に1人ぐらいの割合で見られます。原因ははっきりとはわかっていませんが、小さい赤ちゃんはホルモンの働きが未熟なため、性器の形成にも影響が出るのではないか、と考えられます。日本人は症状が重いケースが多く、おちんちん自体が曲がってしまっている子もいます。ただし、おちんちんの形や尿道口の位置が異常でも、おしっこは問題なく出すことができます。

手術

かかる頻度は

0.2〜0.3%
（300〜500人に1人）

PART 3 おちんちんケアとトイレトレーニング

性器周りの病気&トラブル　尿道下裂

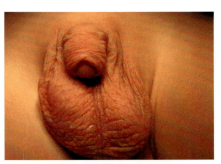
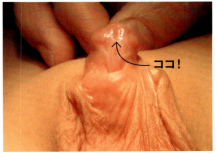

おちんちんの先端に尿道口がありません。おちんちんを持ち上げてみると、下側の矢印部分に尿道口がありました。

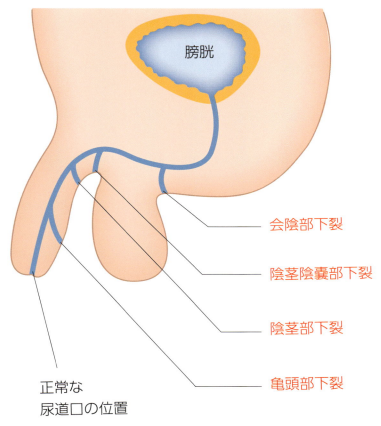

尿道口の位置の異常は、さまざまな場所で起こります。

- 膀胱
- 会陰部下裂
- 陰茎陰嚢部下裂
- 陰茎部下裂
- 亀頭部下裂

正常な尿道口の位置

尿道下裂と尿道索

男の子の尿道にあるべき海綿体がなく、勃起時におちんちんの片側がひきつって曲がる状態を尿道索といいます。尿道下裂と併発することも多く、曲がり具合によっては性交障害の原因になるため、手術で治します。

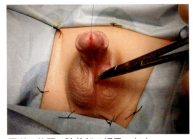

尿道の位置は陰茎部の根元。（※）

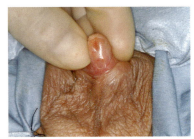

尿道が陰茎部にできています。（※）

男の子が注意したい病気

生殖能力に影響が——⁉
おたふくかぜ

これがサイン
- 熱が出る
- 耳の下、あごの下がはれて痛む

睾丸炎を起こすのは思春期以降にかかった場合

男性が思春期以降に感染すると、睾丸炎を起こすことがあります。症状は1週間程度でおさまりますが、睾丸炎を起こした人のうち、2〜3割は精子のもとになる細胞が死に、不妊につながる可能性が。子どものうちに予防接種で免疫をつけておきたいですね。

ムンプスウイルスが原因で、ほおや耳の下がはれます

ムンプスウイルスが原因の感染症。かかりやすいのは幼児や小学生ですが、生後6カ月過ぎごろからかかる可能性があります。感染者の3割は不顕性感染といって、あきらかな症状が出ないタイプ。一度かかると終生免疫がつき、二度かかることはまずありません。

症状は2〜3週間の潜伏期間のあと、耳の下からあごにかけてはれ、少しひかくなります。はれは左右に出ることもあれば片方だけのこともあり、1〜2日目が特にひどく、1週間近く続くことも。あごを動かすだけでも痛いため、食欲も落ちます。38〜39度の熱が出ることもありますが、2〜3日で下がるでしょう。ウイルスの感染力が強いため、あごがはれる数日前〜はれが出てから5日間程度は感染しやすい時期。そのため、この期間は登園・登校停止となります。

合併症や後遺症がこわいので、ワクチンで防ぎたい病気です

子どものおたふくかぜはわりあい軽くすみますが、こわいのは合併症です。感染者の4〜8％が無菌性髄膜炎や脳炎を起こします。また、ウイルスが内耳に感染してムンプス難聴を引き起こすと、一生治りません。こうした合併症や後遺症を防ぐため、積極的に予防接種を受けておきたいものです。

予防接種は任意接種で、1才過ぎに1回接種します。確実に免疫をつけるには、数年後にもう1回接種するのがいいとされています。特に保育園などで集団生活を送っている子や、これから入園予定のある子は感染の機会が多くなるので、早めに接種するといいでしょう。

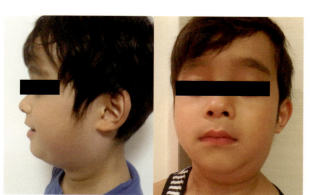

左側（向かって右側）のあごの下がはれています。発熱もありましたが、症状は3日ほどでおさまりました。

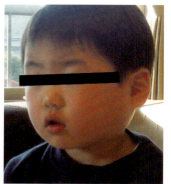

耳の下からほお、あごにかけて赤くぶっくりはれて、文字どおり「おたふく」のようになります。

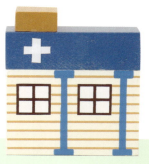

94

PART 3 おちんちんケアとトイレトレーニング

男の子が注意したい病気
男の子に多いおなかの病気
肥厚性幽門狭窄症（ひこうせいゆうもんきょうさくしょう）

これがサイン
- 授乳のたびに吐く
- 吐き方がだんだん激しくなる、噴水状に吐く
- 体重が増えない、体重が減る

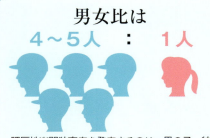

男女比は 4〜5人 ： 1人

肥厚性幽門狭窄症を発症するのは、男の子、特に第1子に多いのが特徴です。男の子は、女の子の実に4〜5倍も多く発症することがわかっています。

男の子が注意したい病気

胃の出口の筋肉が厚くなって勢いよく吐くようになります

胃から十二指腸へ続く幽門という部分の筋肉が厚く、内側が狭くなっている病気。母乳やミルクを飲んでも十二指腸に十分運ばれないため、逆流して吐いてしまいます。原因ははっきりとはわかっていませんが、先天的に幽門の筋肉が厚くなっている、またはホルモンが関係している、などが考えられます。圧倒的に男の子に多い病気です。

赤ちゃんの胃は大人と違い、とっくりのような形をしているので、吐くことはよくあります。授乳後にだらだらと吐く程度で、機嫌がよく体重も増えているなら心配いりません。でも、吐く回数が1日に1〜2回程度からだんだん増え、飲むたびに噴水のように勢いよく吐くようになった場合は、この病気が疑われます。十分飲めないのに頻繁にほしがりますが、飲んでも吐いてしまうので体重が増えず、出生時より減ってしまう場合もあります。

手術で厚くなった筋肉を切るのが一般的

症状は、生後2〜3週間から出始めます。病院では超音波検査などを行って診断し、厚くなった幽門部分の筋肉を切って広げる手術をします。手術後は早ければ翌日から授乳が再開でき、入院は5日ほどですみます。手術をすれば再発することはきわめて少なく、合併症もほとんどありません。

手術以外の治療法では、筋肉の緊張をやわらげる薬を、腸に留置したチューブから入れる方法があります。ただし、この方法は長期入院や退院後の通院が必要なうえ、効果にも個人差があります。赤ちゃんには負担が大きいため、治療法は医師とよく相談しましょう。

この病気になると飲ませてもどんどん吐くので、脱水症を起こす危険があります。尿の量が減る、皮膚がカサつく、などのときは、至急受診しましょう。

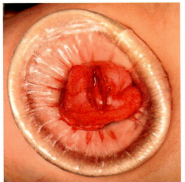

おへそから幽門部を出し、筋層を切り開く手術をします。（※）

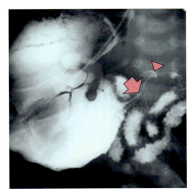

消化管造影写真を撮ると、幽門（矢印）が狭くなっていて、幽門から出たところ（三角印）は造影剤が広がっているのがわかります。

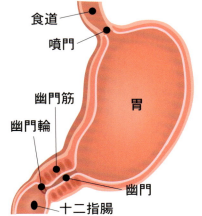

食道
噴門
幽門筋
幽門輪
胃
幽門
十二指腸

胃の出口の幽門部の筋肉が厚くなっていて、飲んだものが胃から十二指腸へおりないため、食道のほうへ逆流して吐いてしまいます。

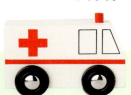
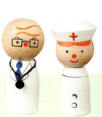

男の子のトイレトレーニング

ひとりでおしっこは自立の第一歩

いつごろスタート？

トレーニングのスタート時期には個人差があります。アンケートでは、1才半〜2才、2才〜2才半、2才半〜3才のスタートがほぼ同じぐらい。3才以降に始める子も12％いました。子どもの心と体の準備が整ったタイミングで始めましょう。

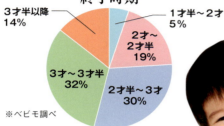

スタート時期
- 0才代 1％
- 1才〜1才半 7％
- 1才半〜2才 28％
- 2才〜2才半 25％
- 2才半〜3才 27％
- 3才以降 12％

終了時期
- 1才半〜2才 5％
- 2才〜2才半 19％
- 2才半〜3才 30％
- 3才〜3才半 32％
- 3才半以降 14％

※ベビモ調べ

1才代
少しずつおしっこがためられるようになり排尿間隔が長くなる

膀胱におしっこがたまる感じがわかるようになってきます。1才代後半になると膀胱がぐんぐん大きくなり、ためておけるおしっこの量も増えてきます。排尿間隔が2時間ぐらいあいてくる子も。

2才代
おしっこをしたい感じが自分でわかるように

膀胱におしっこをため、「おしっこがしたい」感覚が自分でわかるようになってきます。おしっこが出たあとに教えるなど、排尿感覚もはっきりしてきます。タイミングを見てトイレやおまるに誘ってみても。

3才代
自分からトイレに行けるようになる時期

トレーニングが進む子が多い年齢。おしっこをしたいと感じると、だんだん自分でトイレに行けるようになってきます。ただし、遊びに夢中だったりすると失敗することも。自尊心を傷つける叱り方はしないで。

4才代
日中のおしっこはほぼトイレでできるように

トレーニングの完了時期。日中のおしっこはほぼトイレでできる子が増えてきます。夜間のおしっこは、体の機能が発達して自然におむつがとれるのを待ちます。個人差が大きいのであせらないで。

男の子のほうがおむつがとれるのが遅い？

生活習慣の発達は、女の子のほうが早い傾向があるのは確かです。でも、トイレの自立の時期はもともと個人差がとても大きいもの。男の子だから遅いと言いきれるものではありません。

PART 3 おちんちんケアとトイレトレーニング

男の子のトイレトレーニング

トレーニング期間はどのくらい？

スタート時期別
完了までどのくらいかかった？（平均）
- 0才代にスタート　14カ月
- 1才半までにスタート　9カ月
- 1才半〜2才にスタート　6.2カ月
- 2才〜2才半にスタート　4.7カ月
- 2才半以降にスタート　2.5カ月

0才代でスタートした子は平均14カ月と1年以上かかっていますが、2才半以降にスタートした子は2・5カ月。体や言葉の発達に比例して、トレーニング期間は短くなっています。いずれ必ずできるようになることなので、あせらずに適切なタイミングを見きわめましょう。

トレーニングスタートの条件は？

トレーニングの開始には、大脳皮質の発達が不可欠です。おしっこがたまっている感覚、排泄の感覚、たまったおしっこをがまんできる能力などが育っていないと、トレーニングしても疲れるばかり。「お友だちが始めたから」などを理由に始めると、かえって長引くことも。

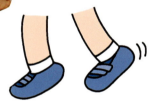

① ひとりで歩くことができる

ひとりで歩けるまでに大脳皮質が発達すると、おしっこがたまる感覚やおしっこをしたいという意識が持てるようになってきます。トレーニングができる段階かどうかをはかるのに、「ひとりで歩ける」ことはわかりやすい目安なのです。

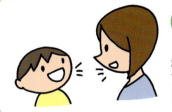

② 言葉の理解が進み、少しお話しできる

トイレトレーニングには、ある程度の言葉の理解が不可欠です。「チー出る？」と声をかけても、子どもに伝わらなければ意味がありません。また、自分で「おしっこしたい」意思を伝えられなければ、トレーニングはうまく進みません。

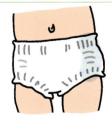

③ おしっこの間隔がある程度あいている

トレーニングスタートで最も大切な条件は、おしっこの間隔です。おしっことおしっこの間が2時間ぐらいあくようにならないと、膀胱におしっこをためたり、おしっこをがまんしたりということができないからです。

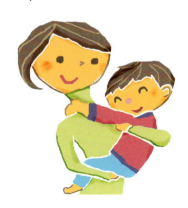

トイレトレーニングのやり方　基本編

一直線にゴールできなくてもあせらず進めましょう

トレーニングのやり方に「これが正解」はありませんが、ここではよく行われている基本的な方法を紹介します。前ページの3つの条件をクリアしたら、ステップ1から順を追って進めましょう。

大切なのは、無理をしたりあせったりしないこと。トレーニングが進まないからといって、子どもを責めるのはかえって逆効果です。どのステップでも、中断やあと戻りはつきもの。ハプニングがあっても子どもの成長や変化を楽しむつもりで、のんびり進めていきましょう。

step1 おしっこがたまっていそうなときにおまるやトイレに誘う

起床後、食事のあと、外出や昼寝の前後など、これまでおむつ替えをしてきたタイミングでおむつの中をチェックします。その段階でおむつがぬれていなければ、子どもの様子を見ながらおまるやトイレに誘ってみましょう。すわらせたら「おしっこ出るかな？」「出たね」などと声をかけ、おしっこの感覚を学ばせます。いやがったり、出なかったりするようなら、無理ずあきらめましょう。この段階で誘うのは、1日1〜2回です。

＼トイレに行こうか？／

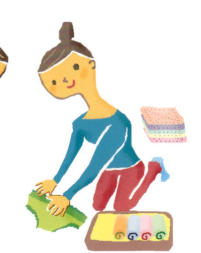

PART 3 おちんちんケアとトイレトレーニング

トイレトレーニングのやり方 基本編

step2 おまるやトイレでおしっこする回数を増やしていく

step1で1回でもおまるやトイレでおしっこをすることができたら、誘う回数を徐々に増やしていきましょう。タイミングを見はからい、おしっこがたまっていそうだなと思うたびに、おまるやトイレに誘います。じょうずにできたら、たくさんほめてあげてください。

この段階ではまだできなくて当然です。失敗しても叱ったりせず、くり返し誘いましょう。おしっこができる確率が50％ぐらいになるまで、根気強く同じように続けます。

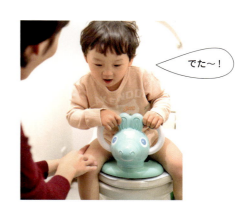

でた～！

step3 おむつをはずして、パンツをはかせる

誘えば半分ぐらいの割合でトイレやおまるでおしっこができるようになったら、いよいよおむつからパンツに移行します。日中はおむつをはずして、布パンツやトレーニングパンツをはかせてみましょう。

まだまだおもらしすることが多いでしょうが、もらすことで気持ち悪さを実感し、おしっこの感覚を体感してきます。引き続き、おもらししても叱らないこと。大人のやさしい対応と、「おしっこ出たね」の声がけがポイントです。

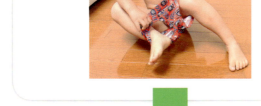

step4 自分から「おしっこ」と言ってくるのを待つ

おまるやトイレにすわる→おしっこが出てスッキリ、という行為をくり返すことで、膀胱におしっこがたまる感覚を覚えていきます。声をかけて誘う回数を減らし、子どもが自分から「おしっこ」と教えてくれるようになるのを待ちましょう。教えられるようになる期間には個人差があるので、あせらないこと。おしっこが出る前に教えられ、連れていけばトイレでできるようになったらトレーニングは完了です。

ママおしっこ

トイレトレーニング 基本編 にチャレンジ！

2才2カ月でスタート

2才2ヵ月 — 翌年の入園に向けて春から開始

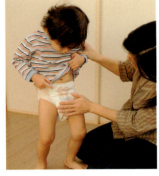

2才前後に「ちっち」と言えるようになり、ほかにも言葉が出始めました。幼稚園入園前におむつをはずしたいと、2才2カ月でスタート。

2才3ヵ月 — イヤイヤ期に突入し、トイレを断固拒否

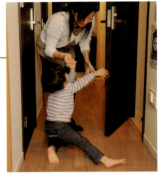

数あるイヤイヤの中でも、トイレは最大のイヤイヤ。「トイレに行く？」と聞くだけで大暴れ。無理に連れていくのは親子ともにストレスがたまりそうで中断しました。

2才4ヵ月 — おまるをとり入れて、おしっこ成功！

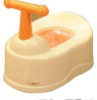

おまるを購入。両足が地面に着くので安心するようです。遊び感覚ですわってくれるようになり、おしっこに誘うタイミングが偶然合って、おしっこ成功。

再びの拒否

突然おまるにもすわらなくなりました。「ちっちする？」の声がけだけは欠かさないようにしましたが、無理には誘わないように。

2才5ヵ月 — 布パンツにしたら「おしっこ」が言えるように

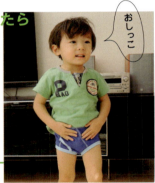

「おしっこ」

おむつから布パンツに。何度かおもらしをしたら気持ち悪さがショックだったようで、出る前に自分で「おしっこ」と教えてくれるようになりました。

2才6ヵ月 — ある日突然「トイレに行く！」

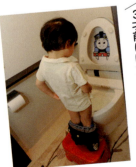

3才前には立っておしっこ

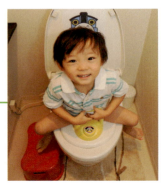

ある日突然、「トイレでやってみる」と言い出し成功。2才9カ月にはパパの様子をまねて立っておしっこをするように。

PART 3 おちんちんケアとトイレトレーニング

トイレトレーニング（基本編）にチャレンジ！

1才代でスタート

イヤイヤ期が始まる前にと、1才代で挑戦してみました。

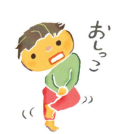

1才9カ月
おもらししても洗濯がラクなはずと、夏にスタート。成功はほとんどしませんが、たまーに運がいいと、トイレでおしっこをすることができました。

2才
朝一番の、おしっこがたまっているときだけはトイレでできるようになりました。ほかの時間は誘ってもトイレに行きたがりません。窓がなく薄暗いトイレがこわいのかも。

2才2～5カ月
トイレに連れていけばおしっこをすることもあるけれど、自分で教えることはまったくありません。トイレに誘いすぎたせいか、だんだんトイレぎらいに。

2才6カ月
仲のいい女の子が「トレーニングを始めて2週間でおしっこを教えてくれるようになった」と聞いて、ママにあせりが。つい叱ってしまって自己嫌悪に陥ります。

2才8カ月
ママが誘えばトイレに行く状態ですが、時々自分から「おしっこ」と教えてくれるように。まだ完璧ではないけれど、一応ゴールにたどり着いた感じ。

2才代でスタート

言葉の理解が進み、伝えられる内容が増えてきます。イヤイヤ期が重なって苦戦することも。

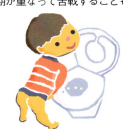

2才3カ月
周囲でトレーニングを始める子が増えてきたので、好きなキャラクターのついたトレーニングパンツを10枚用意してスタート。まずはトイレに誘うことから。

2才4カ月
トイレでおしっこが出ることもあるけれど、それはまったくの偶然。おもらしの日々が続きます。季節は秋に入り、苦戦の日々が続く。無理するよりはと休戦決定。

3才2カ月
暖かくなってきたのでトレーニングを再開。毎日公園で遊んでいるうちに、立ちションができるようになりましたが、トイレではなかなかできません。

3才3カ月
公園に立ちションライバルが出現。おしっこをしていると必ず横に並び、負けじとおしっこ。この競争で「おしっこを出す」感覚がわかったようで、トイレでの成功が増えました。

3才6カ月
親戚の披露宴に出席した日、突然ひとりでトイレに行っておしっこをすることができました。この日をもって、トレーニングを完了としました。

3才代でスタート

この年代だと子どもが納得しながら進められ、トレーニング期間が比較的短い、という声も。

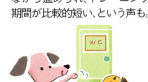

3才
入園予定の幼稚園は、パンツで登園が条件。なんとか入園式までにはパンツにしたいと、3才の誕生日を境にトレーニングを開始。食事の前後にトイレに誘います。

3才1カ月
トイレにはいやがらずに行きますが、おしっこはさっぱり出ません。便座からすぐにおりたがるのを少しでも長くすわらせようと「10数えて！」とママ。失敗続きでした。

3才2カ月
トイレで成功しないまま、ついに入園式。幼稚園でのパンツ生活に突入して、園からは失敗の報告も。声がけしてトイレに連れていくことを根気よく続けました。

3才3カ月
通園し始めて、お友だちのトイレ姿に刺激を受けたのか、ある日突然、家のトイレでおしっこができるように。でも園では相変わらず失敗が続いています。

3才4カ月
入園して3カ月。幼稚園の男の子用トイレでおしっこに成功！ 先生にほめられてご満悦です。同じころ、夜もほとんど失敗しなくなり、トレーニングが完了しました。

101

トイレトレーニングのやり方 バリエーション編

いきなりパンツにする

おもらしのくり返しにつき合う覚悟が必要です

おしっこの間隔を見はからってトイレに誘い、それができたらパンツをはかせ……という段階を踏まず、はじめからいきなりパンツをはかせるやり方。当然、おもらしの連続です。しばらくはおもらしにつき合う覚悟が必要ですが、おもらしの不快さや、トイレですることおもらしの悪さがないことを体で覚えやすい方法です。

ただし、もらしたおしっこで遊んでしまうような子は、このやり方は不向き。おもらしの気持ち悪さにぼうぜんとするようなタイプが向いています。

step1
パンツやぞうきんをたくさん用意し、どこでおもらしされてもいいように、部屋の準備をする

日に何度も替えることになるパンツは多めに用意。畳には新聞紙を敷く、ソファにはビニールシートを広げておくなど、室内のおしっこ対策もしておきましょう。

↓

step2
おむつからいきなりパンツに。トイレに誘わず様子を見る

パンツをはかせたらトイレには誘わず様子を見ます。もらしたとき、気持ち悪そうにしていたら効果あり。「次はトイレでしようか」という声がけを、根気よく続けましょう。

↓

step3
おもらししたらトイレに連れていくことをくり返す。おもらしを重ねながら「おしっこ」が言える日を待つ

おもらしの不快さを体験させながら、偶然でもトイレでできたら大げさにほめましょう。少しずつ「おしっこ」を言える回数が増えていきます。あと戻りしても叱らないで。

いきなりパンツ向き

気持ちわる〜い

↓ぬれた足をいやがる様子もなく遊んでしまう子は、いきなりパンツには不向きです。

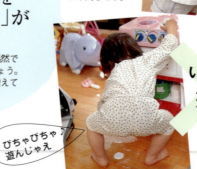

いきなりパンツ不向き

びちゃびちゃ遊んじゃえ

102

PART 3 おちんちんケアとトイレトレーニング

トイレトレーニングのやり方 バリエーション編

人形を使って短期集中

子ども自身のやる気を引き出すトレーニング

おしっこがしたくなったらトイレに行く、便器にすわる、おしっこを出そうと意識するなど、トイレの自立までには新しいことをたくさん覚えなくてはなりません。無理に教え込もうとすると、かえってうまくいかないこともあります。

人形がおしっこをする「トイレごっこ」を見せることで、子どものまねしたい気持ちとやる気を引き出し、チャレンジさせるのがこの方法。短期間に成功するケースが多いようです。心と体の準備がしっかりできていると、1日でできるようになってしまうこともあります。

step1 人形を使い「おしっこをする」シーンを実演する

人形に水を飲ませるふりをしておまるにすわらせ、「ちっち出たね」などとおしっこのシーンを子どもに見せます。大人は人形をほめます。子どもから人形にごほうびをあげても。

↓

step2 人形が失敗するシーンを見せる

人形の「おもらし」を見せます。人形のパンツをこっそりぬらして子どもにさわらせ、大人は人形をたしなめます。子どもには、人形のぬれたパンツをはき替えさせて。

↓

step3 15分間隔で子どもをおしっこに誘う

子どもに自分でパンツをおろさせ、おまるにすわるように誘います。すわったら声がけを控え、できるだけ静かに。出なくてもなるべく10分ぐらいはすわらせてみて。

↓

step4 おしっこが出たら思いっきりほめる

おしっこが出たら思いっきり抱きしめて、おやつなどのごほうびをあげながらたくさんほめましょう。

準備するもの

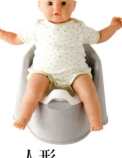

おまる
トイレで行ってもいいのですが、人形がおしっこするシーンを見せるのでおまるのほうが手軽です。

トレーニングパンツ
失敗してもあまり汚さなくてすむように、トレーニングパンツを準備。

おやつや飲みもの
じょうずにできたらおやつを。尿意を感じさせやすくするために、飲みものはふだんより多めに与えます。

人形
できるだけリアルで、おまるにまたがるのに適した大きさのものだと説得力が増します。

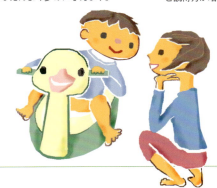

103

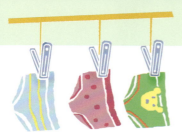

トイレトレーニング　バリエーション編　にチャレンジ！

いきなりパンツにする

保育士さんというプロの手も借りながら、気長に続けました。

1才4カ月
初夏で季節もよかったことから、パンツにさせてみようかなと思い立ち、挑戦。最初は紙のおむつパッドもつけてみましたが、いやがってとってしまいました。

1才6カ月
週1回通うことになった保育園がおむつはずしに積極的で、お友だちのトイレ姿が刺激になったようです。でも家ではおもらしばかりでつらくなって、中断。

中断

1才11カ月
保育園の先生から「トイレでできていますよ」と言われてびっくり。本人は得意げです。自信がついたのか、家でもトイレに行かれるようになりました。

2才1カ月
終日パンツで過ごすように。園に行っている間は失敗なしですが、行き返りの途中やお休みの日には失敗も。「1歩進んで2歩戻る」ような状態が続きます。

2才6カ月
園で年上の子たちのトイレの様子を見てまねをしたくなったのか、いつの間にか立っておしっこをするように。ズボンの上げ下げも覚えて失敗しなくなりました。

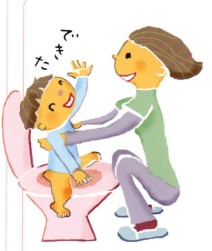

おしっこ、うんちを教えてくれるようになったタイミングで始めてみました。

1才6カ月
保育園の方針で、日中は布おむつ。1才半ごろ、おむつが汚れるといやがって「しーしー」「うんち」が言えるようになったので、思いきって布パンツに。

1才7カ月
ソファやじゅうたんなど部屋中におもらしされ、ママは常にぞうきんをスタンバイ。下の子が生まれるため、一時中断しておむつに戻し、「おしっこ出た？」の声がけだけに。

中断

2才2カ月
弟の誕生に保育園の転園が重なり、それまでできていた「おしっこ出た」の報告もなくなる日々。大好きなキャラクターのおまるを用意したら、興味津々で自発的にまたがるように。

2才3カ月
おまるを使い始めて1週間で、おしっことうんちが完璧に。保育園ではトイレに行くものの、家ではおまるが続きましたが、少しずつ補助便座を使えるようになり完了。

104

PART 3 おちんちんケアとトイレトレーニング

トイレトレーニング（バリエーション編）にチャレンジ！

人形を使って短期集中

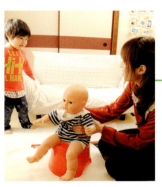

11:00

おまるにすわる人形を遠巻きにながめて……
現在2才7カ月。「ほら見て見て！お人形がおまるでおしっこできたよ」とママが見せると、少し離れたところから「へぇ〜」とチラリのぞき見。

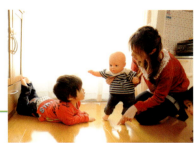

11:30

おしっこ失敗！に興味津々
遊びに夢中になっている間に、こっそり床に水たまりをセッティング。「あー、おもらししちゃったね。メ、だね」と熱演すると急いでかけ寄ってきて、「おしっこしたの？」と心配そう。

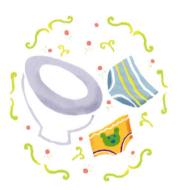

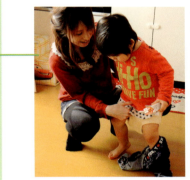

12:00

タイミングが合わずに、ジャーッ！
今日はいつもより多めに水分をとり、慣れないトレーニングパンツをはいています。「あっ」と声を上げるのと同時におもらし。気持ち悪そうにしていたので、おしっこの感覚をつかんだのかも？

\ 2日目はトイレでも成功 /

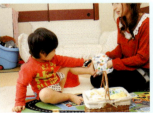

2日目も人形でのトレーニングを続行。突然「トイレでしてみる！」と宣言して自ら補助便座にすわり、なんとトイレでおしっこができました。

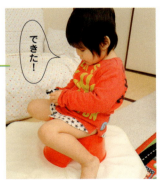

16:00

「おしっこ」と言って、おまるで成功
おまるに誘いながら、人形がおしっこするシーンを何度も見せました。夕方には自分から「おしっこ」と言っておまるへ。あっさり成功です。

「できた！」

トイレトレーニング Q&A

Q 立ちションがうまくできずに、いつもズボンをぬらしてしまいます

A いきなりパパと同じように、ファスナーからおちんちんを出しておしっこをするのは無理。はじめはズボンもパンツも、全部脱いで練習します。次に、ひざまでおろして練習。次はパンツの横や上からおちんちんを出す練習というように、徐々にステップアップします。最終的には小学校入学ごろまでにファスナーが使えるようになるのを目標にしましょう。

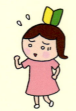

Q 男の子に立ちションはいつ教える?

A 男の子に立ちションを教えるのは、トイレトレーニングがひと通り終了してから。目安は3才ぐらいです。自分でおちんちんを持って狙いを定めておしっこをするのは、なかなかむずかしいことです。ママが教えるのは大変なので、パパにバトンタッチしてやり方を教えてもらうといいでしょう。

Q うんちのトレーニングはいつから? どうやって?

A アンケートでは、おしっこトレーニングが先に終わった子が約半数、同時に進めた子が2割でした。うんちが出たら「うんちが出たね」と教え、いきみの動作を見せたときにおまるやトイレに誘ってみましょう。足が着かないとうまくきめないので、補助ステップなどを置いて。

Q 男の子なのに、おしっこのあとトイレットペーパーでふきたがります

A ママのトイレを見ていたからかもしれませんね。ペーパーを引っぱり出すのも楽しいのでしょう。男の子はおちんちんの先をちょっと振っておしっこをきってあげればいいのですが、ペーパーでふきたいならやらせておいてもいいのでは? パパにお手本を見せてもらい、立ちションを覚えるころになれば自然にわかってくるでしょう。

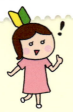

Q 男の子だから? 言葉が遅い気がします。トレーニングも遅くすべき?

A 男の子だから言葉が遅いということはありませんが、ある程度言葉がわかっているのはトイレトレーニングを始める条件です。おしゃべりはしなくても、大人の言うことがわかる、「いや」「行く」などある程度意思が伝えられるかどうかで判断してください。

Q 夜、おねしょをしなくなるのはいつごろ?

A おねしょは子どもの能力や親のしつけとは関係なく、純粋に生理的な問題です。3才で毎晩おねしょをする子は2割ぐらい、ほとんどの子は5〜6才でおねしょをしなくなります。夜中に起こしてトイレに連れていっても、おねしょはなくなりません。体の準備ができるまでは見守って。

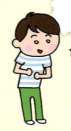
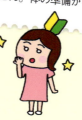

PART **4**

男の子育児を楽しもう!

豊かに育てる
男の子の心と体

男の子 **0〜2才**

遊びと発達

赤ちゃん時代は遊びながら世界を探検しています

0〜4ヵ月 ねんねのころ

じーっと見つめて知的好奇心を満たします

このころの赤ちゃんは、ものより人、生活音より人の声が好き。特にママが話しかけると、うれしくて手足を動かして反応します。目も見えていますが、焦点を合わせたり瞳を動かしたりするのは苦手。自分の体との境界や、ほかの人がいること、ものがあることもよくわかりません。そのため、なんでもまずは口に入れて確かめます。

このころの赤ちゃんにとっては、自分の手をじっと見つめて口に入れたりするのも、「遊び」の一種。自分の体は、赤ちゃんが最初に遊ぶおもちゃでもあるのです。3カ月ごろになると、楽しいときには笑い声が出るようになってきます。

目はまだぼんやり見えている程度ですが、ママやパパの顔の印象はわかり、好んで見つめます。

5〜8ヵ月 おすわりのころ

さわってなめて。おもちゃで集中して遊びます

首がすわり、そろそろおすわりもできるようになってきます。このころになると、興味の対象は人からものへと広がっていきます。手でつかんだものをなめたり振ったり、ぶつけて音を出してみたりと、あれこれ試してみるようになります。このころから、おもちゃで遊ぶようにもなってきます。引き続き、なんでも口に入れて感触やかたさなどを確かめながら遊びます。

さらにずりばいなどで移動ができるようになると、部屋中をウロウロと動き回ったりします。こうした行動はすべて、赤ちゃんが自分をとりまく世界を理解しようとする探索行動のひとつ。遊びながら、世界を探検しています。

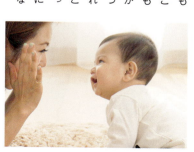

近い距離での、いないいないばあが楽しめるようになります。

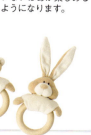

108

PART 4 豊かに育てる男の子の心と体

0〜2才 遊びと発達

9〜11ヵ月 はいはい・つかまり立ちのころ

やりとりやまねっこを楽しむように

このころには親との関係がしっかりできてきて、いっしょに遊びたがります。これまではおもちゃを持ったりなめたりしてひとり遊びをしていたのが、大人といっしょにおもちゃを使って遊ぶ楽しさがわかり始めてくるのです。

大人が「ちょうだい」と言えばものを渡し、「どうぞ」と言えば受けとるというやりとりも覚え、遊びの中だけでなく、日常生活でも喜んでくり返すようになってくるでしょう。

大人のまねをしたり、まねをされたりするのも大好き。「バイバイ」などのまねをするのも、赤ちゃんにとっては楽しい遊びです。逆に、親が赤ちゃんの動きをまねするのも、大喜びします。

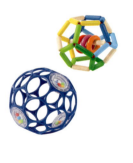
はいはいする赤ちゃんを「待て待て〜」と追いかけると、大喜び。

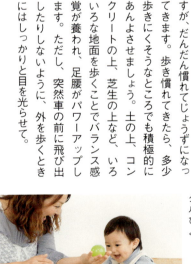
ダイナミックな「たかいたかい」は視界が大きく変わり、新鮮な驚きに。こわがっていないかどうか、表情をよく見て。

1才〜 あんよのころ

おもちゃの形やしくみに興味津々

ものの形や動くしくみに興味を持ち、楽しめるようになってきます。パズルや、ひもで引っぱるプルトイなど、自分で工夫しながら遊べるおもちゃがあると熱中します。

ひとり歩きが始まるのもこのころ。最初はおっかなびっくり歩いていますが、だんだん慣れてじょうずになってきます。歩き慣れてきたら、多少歩きにくそうなところでも積極的にあんよさせましょう。土の上、コンクリートの上、芝生の上など、いろいろな地面を歩くことでバランス感覚が養われ、足腰がパワーアップします。ただし、突然車の前に飛び出したりしないように、外を歩くときにはしっかりと目を光らせて。

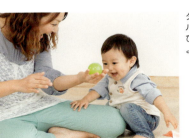
タオルをはずすとボールが出てくるなど、遊びのパターンに気づくようになります。

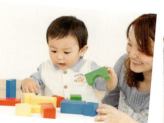
大人が積み木を積むと、赤ちゃんがくずす。このやりとりが楽しい！

男の子 0〜2才

遊びと発達

赤ちゃん時代のおもちゃ選び

おもちゃの好みに男女差が出てくるのは2才ごろから

おもちゃは赤ちゃんの視覚、触覚、聴覚などを刺激し、周りの世界のことを知る手助けをしてくれます。

男の子のおもちゃというと車、電車などがイメージされますが、その子なりの好みが出てくるのは2才ごろから。なかにはままごとやぬいぐるみに興味を示す子もいます。ただ、総じて車や電車などのメカニックなもの、パズルなどの幾何学的なものを好む傾向はあります。それが男の子本来の好みなのか、周囲の人からの影響によるものなのかは、実はよくわかっていません。

いずれにせよ、その子が興味を持って楽しく遊べるものがベスト。「男の子だから」「男の子なのに」と決めつけず、安全で喜んで遊ぶものを選んでください。

おもちゃ選びのポイント

1 赤ちゃんの発達に合ったものを

赤ちゃんの興味の対象はどんどん変化し、体も目覚ましく発達します。ものがにぎれるか、押したり引っぱったりできるかなど、様子をよく観察し、その時期の発達に合ったおもちゃを与えましょう。

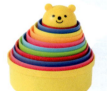

2 試してみて反応がよいものを

おもちゃを買う前に、日用品で遊ぶ姿を観察してみましょう。ボタンを押す、ティッシュを引っぱりだすなど、安全な範囲でさせてみて。反応がよかった遊びができるおもちゃを選ぶといいでしょう。

3 親が好きなおもちゃがベター

親が気に入ったおもちゃであることも大事なポイント。子どもと遊ぶきっかけづくりのツールになるからです。色や形、キャラクターなど、親がいっしょに遊びたくなるようなおもちゃを選びましょう。

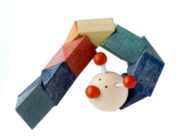

110

PART 4 豊かに育てる男の子の心と体

0〜2才 遊びと発達

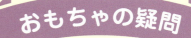

おもちゃの疑問 Q&A

Q ねんねの時期でもおもちゃは必要なの？

「要・不要」ではなく楽しく刺激を受けるもの

低月齢の赤ちゃんにとってのおもちゃは、好奇心を刺激し、周囲への興味を引き出すきっかけになるものです。鈴やオルゴールのきれいな音で泣きやんだり、手足をバタバタさせたりするのは、おもちゃを楽しんでいる証拠です。

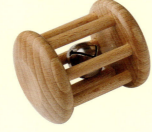

Q プラスチック製より木製のおもちゃが望ましい？

それぞれの好みで選んで問題ありません

プラスチック製のおもちゃは軽くて扱いやすい、木製のおもちゃは風合いがあるなど、それぞれのよさがあります。安全性の基準さえクリアしていれば、赤ちゃんの興味と親の好みで選べばいいのです。

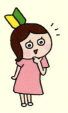
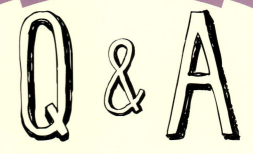

Q 知育おもちゃは早くから与えたほうがいい？

おもちゃはどんなものでも知育になります

赤ちゃんにとってはどんなおもちゃも「知育」になります。見たり、さわったり、なめたりしながら、色や形、音、感触などを学んでいるのです。ことさらに知育を意識する必要はありません。親がいっしょに楽しく遊んであげることのほうが、ずっと知的な刺激になりますよ。

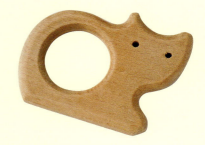

Q おもちゃを与えてもすぐに飽きてしまう

興味が次々に移るのが当たり前の時期です

赤ちゃんが集中できる時間はごく短いので、あまり気にしないで。特に、はいはいなどで自由に動けるようになると、目に入ったものに次々と興味が移ります。たくさんあると目移りするので、1個ずつ渡して。

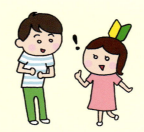

Q おもちゃ本来の遊び方をしないのですが

自由な発想で遊ばせてあげましょう

「正しい遊び方」にこだわる必要はありません。遊び方をアレンジすることで、創意工夫の力が養われます。赤ちゃんの遊び方を否定せず、自由に遊ばせてあげてください。

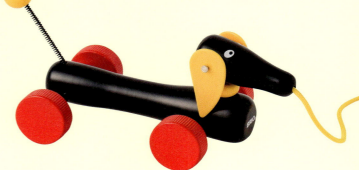

7カ月ごろ
打ち合わせる

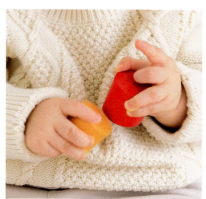

おすわりが安定して両手が使えるようになると同時に、手指の動きも発達。両手で持ってカチカチと打ち合わせ、音を楽しみます。親がカチカチ音を立ててみせてあげてもいいですね。

4カ月ごろ
なめる・かじる

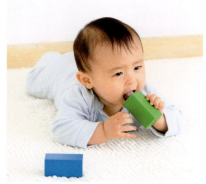

このころから、なんでも口に入れるようになってきます。積み木をつかんだら、まずは口に入れて感触を確認します。塗料などが安全なものを選び、心ゆくまでなめさせてあげて。

積み木

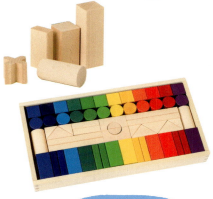

長く使える定番おもちゃ

おもちゃ選びに迷ったら、まずは定番のおもちゃを。子ども自身が工夫しながら、発達に合わせていろいろな遊び方をしますよ。

\ この時期はまだ思うように手が放せない /

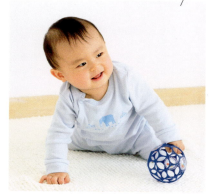

10カ月ごろまでの赤ちゃんは、自分が意図したとおりに手を動かすことができません。ボールをつかんでも振り回すだけ。自分の意思で手放すことはまだできずにいます。

4カ月ごろ
にぎる・つかむ

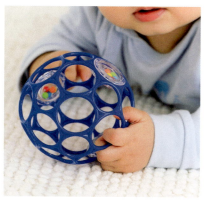

まだ複雑な手の動きはできません。ものをつかむことはできるので、網状になったボールなら赤ちゃんの指がひっかかり、なめたり振り回したりすることができます。

ボール

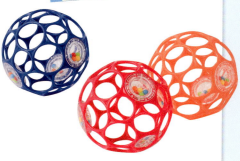

PART 4 豊かに育てる男の子の心と体

0〜2才 長く使える定番おもちゃ

2才6カ月ごろ 見立てる

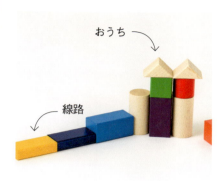

2才半ごろからは遊びの幅がぐっと広がり、積み木で自分のイメージしたものをつくるようになってきます。家や線路など、積み木を使った見立て遊びもするようになるでしょう。

1才過ぎ 積む

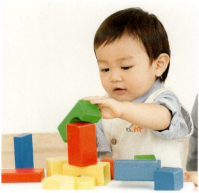

ものの大きさやバランスの感覚、手指の動きなどが発達してきて、1才代前半から積み木が積めるようになってきます。ただし、積める時期と個数にはかなり個人差があります。

9カ月ごろ くずす

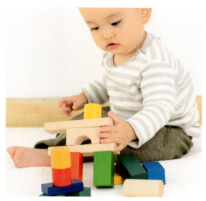

1才過ぎるころまでは手指をこまかく動かせないため、積み木を「積む」ことはできません。そのかわり、くずすのは大好き。大人が積んだものをくずしては、大喜びします。

1才6カ月ごろ〜 投げる

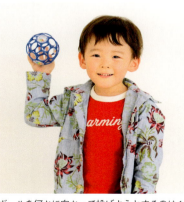

ボールを何かに向かって投げようとするのは1才半ごろから。2才ごろになると投げる力が調整できるようになります。3才になるころにはコントロールがついて、投げ合えるようになる子も。

1才4カ月ごろ ける

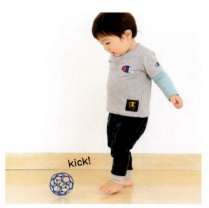

あんよが上達し、小走りするようになると、ボールを足でけることができるように。ただし、タイミングよくけったり、思った方向にけったりできるようになるのはもう少しあとです。

10カ月ごろ 投げる(手放す)

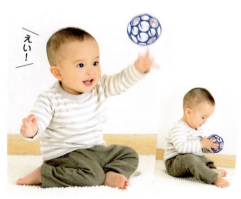

そろそろ自分の意思と手の動きが連動し始めます。持ったものを手放したいと思えばできるようになります。ボールを手放せるのがうれしくて、投げては大人にとってもらうのをリピート。

113

男の子 0〜6才 遊びと発達

すこやかな発達に欠かせない運動遊び

じゃれつき遊びで脳の抑制機能が高まる

子どものすこやかな発達には、体を動かし、人とじゃれ合いながら遊ぶことが必要です。じゃれつき遊びは大脳の前頭前野の働きを活発にし、子どもの集中力も高めます。

前頭前野とは、脳の中で「意思」「集中力」「がまん力」などをコントロールする、人間ならではの高い機能を持つ部分です。なかでも「抑制機能」は、衝動的な行動を意思の力で抑えたり、周囲に惑わされず集中を維持しようとする力。これは、自発的に体を自由に動かして遊ぶじゃれつき遊びなどをすることで高められることがわかっています。

大人から見ると、おとなしくすわって

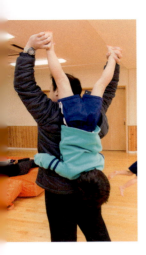

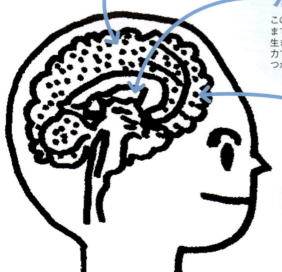

脳には部位によって役割がある

進化した動物の新しい脳（大脳新皮質）
おりこうさんの脳
より進化した動物が得てきた脳の部分で、記憶、思考、指先の微細な動き、言語などをつかさどっています。人間が人間らしく生きるために発達してきた脳といえます。

生きる土台になる古い脳（脳幹、大脳辺縁系など）
からだの脳
この脳は、は虫類からほ乳類に至るまで、すべての動物が持っています。生きるために最低限必要で、意思の力ではコントロールできない部分をつかさどっています。

高度な能力の前頭前野
こころの脳
大脳新皮質の一部である前頭前野は、「人の気持ちを考える」「先を読んで今の行動を決める」など、人間にしかない非常に高度な能力をつかさどります。人間の「こころ」の部分ともいえる脳なのです。

114

PART 4 豊かに育てる男の子の心と体

0〜6才 遊びと発達

いる子のほうが抑制機能が高そうに思えるものですが、幼児期に一見落ち着いて見える子は、抑制機能が高いのではなく、強い衝動や興奮を味わっていない可能性があります。

子ども時代は、興奮したり、興味を持ったり、なんだこれ？という好奇心に突き動かされたりする経験が必要です。その強い衝動がないと、強い「抑制」も生まれません。興奮が先、抑制はそのあとに育つものなのです。

脳の基礎ができないと賢さも育たない

子どもはたくさん遊んでおなかをすかせてごはんを食べて、夜は早く寝て朝は早く起きる、そんな普通の生活をすることがなにより重要です。そうした当たり前の生活がくずれているのにあまり気にせず、早期教育にばかり熱心になるのは、むしろ脳の発達を妨げることになりかねません。

脳は大きく2種類に分かれます。ひとつは脳幹や大脳辺縁系といった「古い脳」。睡眠や食欲、体温調整、神経の働きにかかわる"からだの脳"で、生き物としての土台になる脳の働きをつかさどっています。

もうひとつは、人間が特別大きく発達させている「新しい脳」（大脳新皮質）です。計算したり、英単語を覚えたり、音楽やスポーツを楽しんだりするのがここ。いわば"おりこうさんの脳"です。

現代人は、脳イコール"おりこうさんの脳"と考えがちです。けれど、人が人として生きるためには、まず"からだの脳"が重要です。「勉強ができる」「ハイレベルな運動ができる」などは脳の機能のほんの一部。まずは古い脳を育てて生き物としての機能を整え、そのうえで新しい脳を育てることが、人間としてのまとまりをつくるのです。

じゃれつき遊びは自律神経も活発にする

"からだの脳"がちゃんと育っていないために、自律神経に不調をきたす子も増えています。自律神経の不調は、不登校のひとつの原因ともいわれています。

じゃれつき遊びやリズム遊びは、自律神経の活発化にも一役買っています。前頭前野の働きだけでなく、"からだの脳"にも有効なのです。思うまま自由に体を動かすことで、"からだの脳"が育ち、それと同時に高度な前頭前野も自然に育っていきます。早寝早起きの規則正しいリズムで生活し、存分に動いて遊ぶこと。子どものすこやかな発達には、それこそが最も大切なことなのです。

0〜5才までに育てたいのは
からだの脳

からだの脳は、夜寝て朝起きて昼間はしっかり活動することで育ちます。そして、視覚、聴覚、触覚、嗅覚、味覚といった五感の刺激を受けるたびに、脳内ネットワークが密につながっていきます。

小学生から本格的に
おりこうさんの脳

おりこうさんの脳が安定して育つためにはまず、からだの脳が整うことが必要です。おりこうさんの脳を親が意識的に育てるのは、小学生になってからで十分。学ぶ意欲もこの時期に整います。

中学生ごろに完成する
こころの脳

幼稚園や小学生のうちから「空気を読む」「人の気持ちを考える」ことを無理じいしないで。さまざまな経験や刺激を受け、10才〜高校生ぐらいにかけてゆっくり完成に向かうのが前頭前野です。

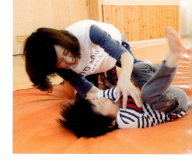

男の子 3〜6才 遊びと発達

しっかり体を動かすことであと伸びできる脳を育てる

子どもと遊べない親が増えている!?

おもちゃがないと親子で遊べない、外遊びに出かけたつもりがショッピングで終わってしまう。そんな親子が増えています。親はスマホ、子どもはゲーム。親子で笑うのはテレビでお笑い番組を見るときだけ、というのは大きな問題です。

幼児は、親しい大人と体をふれ合わせて遊ぶとき、いちばん興奮してよく笑います。親とじゃれ合っているときは、脳が最も活性化し、目がキラキラと輝きます。早い時期から「いい子」を求め、大人の都合で静かにさせることが多すぎないかどうか、振り返ってみましょう。興奮しやすく、よくしゃべり、興味の対象に猪突猛進する子のほうが、あとで伸びるのです。

子どもが思いっきり笑えるようにじゃれ合い、たくさん体を動かすことが、なによりの「育脳」です。

定番「たかいたかい」はいろいろなバリエーションで

子どもが大好きな「たかいたかい」。持ち上げた状態で左右に揺らす、ほうり投げるなど、いろいろなバリエーションで楽しみましょう。慣れない最初のうちは、低い位置からスタート。

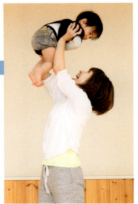

高く上げた状態で、グルグル回ると子どもは大喜び。

わきの下をしっかり持って、思いっきり「たかいたかい」。

フローリングの床で「人間ごま」

子どもは床に横になり、ひざをかかえて丸くなります。大人が子どものわきの下やひざの裏に手を入れて、遠心力が働くように回します。フローリングの床の上でやりましょう。

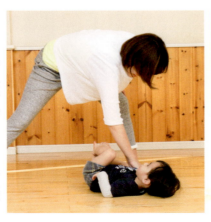

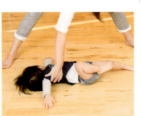

少し大きい子なら、ひざをかかえて丸くなってもらうとより「こま」らしく。

大人の手は、子どものわきの下に。ぐるんと回します。

116

PART 4 豊かに育てる男の子の心と体

3〜6才 遊びと発達

「子ども運び」に大興奮

まるで荷物を運ぶように、子どもの背中をヒョイとつかんでどしどし歩く。「まさかこんなところをつかまれるとは!?」の意外性と、空中浮揚感がたまりません。

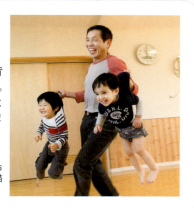

力のある男の人がやるのがおすすめ。子どもはまるで子猫のよう。

布団や毛布で「空を飛ぶ」

シーツや毛布の真ん中に子どもを乗せて、左右に揺らします。はじめはゆっくり、楽しんでいるようなら少し大きく揺らしても楽しい。大人は毛布の端をしっかりにぎって落とさないように。

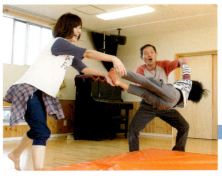

頭側はやや重いので、ママとパパならパパが担当したほうがいいかもしれません。

頭のほうが重いので、男性が持ちましょう。揺らして揺らして！

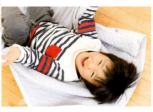

両手両足をママとパパが持って、左右にブランコのように揺らします。そのまま布団の上に背中からポーン。最初はこわがらないように、低い位置から落としましょう。

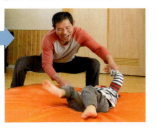

背中からストーン。乱暴に投げ出さず、ふわっとやさしく着地させます。

ダイナミックに「でんぐり返し」

柔道の寝技のようなでんぐり返し。ほかにも、大人の足の上に子どもを腹ばいに乗せて前後左右に動かす、背中に乗せた子どもを振り落とす、なども。布団の上でやるのが安全。

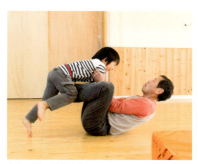

大人の足に子どもをまたがらせる。

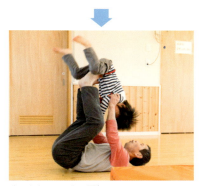

そのままクルリと1回転。

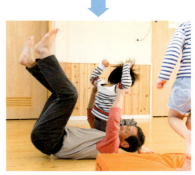

着地は大人の顔の上にストン。力のある男の人がやるほうが安全です。

男の子
0〜6才

身長を
伸ばしたい！

身長を決めるのは遺伝と生活環境

身長はさまざまな作用が複雑にからんで伸びる

背が伸びるというのは、「骨が伸びる」ということ。子どもの腕や足の骨の先端は軟骨になっており、ここが伸びる部分。大人の骨に軟骨はありません。

骨は成長ホルモンが分泌されることで伸びますが、骨の材料になるたんぱく質などの栄養素や、運動による刺激も必要です。身長は、体内のさまざまな作用が複雑にからみ合って伸びていくのです。

高身長の両親から生まれた子どもは高身長になるケースが多いなど、身長に遺伝の要素は無視できません。ただし、環境が与える影響も大きいのです。

下の式にあるように、子どもの最終身長は、遺伝によってある程度予測できます。そこに加わる環境要因には、食事、睡眠、運動、家庭環境などがあります。この、環境要因をより「背が伸びやすい」ものにすることで、＋αの部分を増やすことができるのです。

男の子の最終身長予測式

$$\frac{\text{父の身長} + （\text{母の身長} + 13）}{2} + \alpha$$

遺伝　　　　　　　生活環境

- 父 180cm 母 160cmなら 176.5cm ＋α
- 父 170cm 母 155cmなら 169cm ＋α
- 父 165cm 母 148cmなら 163cm ＋α

声変わりが終わって、のどボトケが出たら身長の伸びは終了

背が伸びるのは子ども時代だけです。男の子の子ども時代終わりのサインは、声変わり。しっかり低い声が出てのどボトケが固まったら、体は成熟したと考えられます。

身長が最も伸びるのは成熟一歩手前の時期。陰毛がチラホラ生え始めるころに一気に伸びますが、この時期の伸びにはあまり個人差がありません。身長を決めるのは、思春期に入る前にどれだけ伸びたか。子ども時代に生活環境を整え、思春期以前にできるだけ伸ばすことが、結果的に身長を高くします。

PART 4 豊かに育てる男の子の心と体

0〜6才 身長を伸ばしたい！

背が伸びるメカニズム

両親の身長を受け継ぐ遺伝要素に加えて、栄養や運動、睡眠などの生活環境が身長の伸びを決定づけます。これらが適切だと、骨が伸びるための成長ホルモンの分泌が促されるからです。

遺伝

母親の身長＋13に父親の身長を足して2で割ると、男の子の予測身長が割り出せます。

適切な栄養

適度な運動

良質の睡眠

**骨が
伸びるための
成長ホルモンの
分泌を促す**

治療が必要な低身長は？

表1は、男の子の低身長の基準です。同じ年齢の子100人のうち前から2番目ぐらいというもので、これを下回る場合は注意が必要です。また、表2は「1年間にこのくらいは背が伸びる」という基準です。2年連続でこの基準に達していない場合は、やはり少し気になります。

低身長の原因にはさまざまなものがあり、必ずしも治療が必要、あるいは治療ができるわけではありません。ただし、検査の結果「成長ホルモン不足による低身長」がわかった場合には、ホルモンを投与することで身長を伸ばすことが期待できます。ホルモン治療はできるだけ早くスタートすることが大切です。身長の伸びが悪い、成長曲線のラインからはずれる、などの気になる様子があったら、早めに一度、こども専門病院や大学病院の小児内分泌科を受診してみましょう。

表2

年間の身長増加基準	
年齢	
3〜4才	6.0cm
4〜5才	5.4cm
5〜6才	4.9cm
6〜7才	4.5cm
7〜8才	4.5cm
8〜9才	4.3cm
9〜10才	4.0cm
10〜11才	4.0cm
11〜12才	4.5cm
12〜13才	6.9cm
13〜14才	6.9cm
14〜15才	3.3cm

表1

低身長の基準	
年齢	
3才	86.1cm
4才	92.3cm
5才	97.9cm
6才	103.7cm
7才	109.5cm
8才	114.7cm
9才	119.7cm
10才	124.5cm
11才	128.9cm
12才	133.9cm
13才	140.7cm
14才	148.5cm
15才	154.7cm

※2000年度版標準身長より計算

男の子 0〜6才 身長を伸ばしたい！

背を伸ばすための生活習慣

1 適切な栄養をとる

朝食
必要なたんぱく質やカルシウムをとるには、朝食がとても大切。パン食に牛乳とゆで卵をプラスすれば、たんぱく質は12g増加します。

たんぱく質
骨や筋肉をつくり、成長ホルモンの分泌を促す働きも。動物性（肉、魚、卵）と植物性（大豆製品など）をバランスよくとって。

低脂肪
栄養をとっているつもりが脂質ばかりとっていては、健康面でよくありません。肥満になると身長の伸びも悪くなるので気をつけて。

添加物はNG
食品添加物の中には、カルシウムやマグネシウムなどを体外に排出するものも。ソーセージ、カップめんなど加工食品を食べすぎないで。

カルシウム
骨を丈夫にするのに必須。5才で1日500mg、8才で1日600mgとりたいもの。必要量の半分は乳品から、残りは野菜や大豆や小魚から。

亜鉛とマグネシウム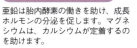
亜鉛は胎内酵素の働きを助け、成長ホルモンの分泌を促します。マグネシウムは、カルシウムが定着するのを助けます。

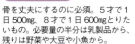

背を伸ばすのに大切な栄養素というとカルシウムを思い浮かべる人が多いかもしれません。もちろん、カルシウムも大切ですが、背を伸ばすために最も重要な栄養素はたんぱく質です。たんぱく質は、骨や肉など体の組織の材料になります。カルシウムは、骨を丈夫にする役割を果たします。骨をビルにたとえると、たんぱく質は鉄筋、カルシウムはそれを補強するコンクリートのような存在です。

たんぱく質は肉や魚に多く含まれていますが、できるだけ低脂肪のものを。大豆製品は高たんぱく低脂肪で、積極的にとり入れたい食材です。

たんぱく質は、5才なら25g、8才なら40〜60gが1日に必要な量です。肉やに含まれるたんぱく質は、100gに約20g。木綿豆腐半丁で約6・6gです。たんぱく質は貯蔵がきかないので、毎日摂取することが大切です。

3〜6才の子どもの食事目安量

食品群		1日の目安量	食品例と目安量
主食	穀類	350〜400g	ごはん茶わん8分目1.5杯＋パン6枚切り1枚＋うどん2/3玉
主菜	肉	40〜50g	薄切り2〜3枚
	魚	50g	切り身2/3切れ
	大豆・大豆製品	40〜50g	納豆小1パック弱、豆腐1/6丁
	卵	50g	中1個
副菜・汁物	緑黄色野菜	50〜70g	
	淡色野菜	80〜100g	
	芋類	70g	じゃがいも2/3個
	果物	150〜200g	りんご1/4個＋バナナ1/2本＋果汁100％ジュースコップ半分
	きのこ	20〜30g	しいたけ1個
	海藻類	10〜20g	乾燥カットわかめ1g
	牛乳・乳製品	400g	牛乳コップ1.5杯＋ヨーグルト小1個＋チーズ1かけ
その他	油脂類	20g	
	調味料	適宜	

表は、5才児の1日にとるべき量をまとめたもの。具体的には右の献立ぐらいのイメージです。この程度の量を食べていれば十分で、これにスナック菓子やジュースを飲むのはカロリーオーバーになります。

朝食
チーズトースト
目玉焼き
野菜スープ
ヨーグルト

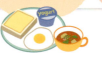

昼食＋おやつ
おにぎり　鶏のから揚げ
ゆでブロッコリー
ミニトマト　りんご
ふかし芋　牛乳

夕食
ごはん
鮭のムニエル
＋ほうれんそうソテー
豆腐とわかめのみそ汁
グリーンサラダ

120

PART 4 豊かに育てる男の子の心と体

0〜6才 身長を伸ばしたい！

牛乳をたくさん飲めば身長が伸びる？
牛乳は1日に500㎖程度までに

骨を丈夫にするという意味で牛乳を飲むのは悪くありませんが、牛乳を飲めば背が伸びるわけではありません。500㎖以上だと食事に影響したり肥満の原因になったりします。

小食でたくさん食べられない
食事の回数を多く。おやつは補食と考えて

1回の食事量を少なく、回数を多くするといいですね。おやつはお菓子ではなく、チーズなどの乳製品や果物、おにぎりなどに。少なく盛りつけ、おかわりを促して。

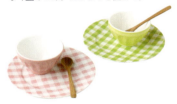

肥満ぎみだと身長が伸びない？
早熟傾向があり成長ホルモンも少ない

女の子のケースでは肥満の子は初潮が早く、身長が伸びる「子ども」時代が短い傾向があります。成長ホルモンの分泌も少なく、身長の伸びは悪くなる可能性が。

アトピー性皮膚炎の子は身長が伸びない？
ゆっくり成長する傾向があります

かゆみで眠れない、食事制限でたんぱく質が不足しがちなどで伸び悩む傾向がありますが、骨が成長を待っている場合も。栄養バランスに注意しつつ、主治医によく相談して。

祖父母が小さい。隔世遺伝はする？
あり得るが、必ずしも遺伝的に小さいとは限らない

両親の身長が普通で祖父母が小さいなら、祖父母の育った時代の栄養が関係している可能性も。隔世遺伝は存在しますが、本当に遺伝的に小さいのかどうかは不明です。

2 適度な運動をする

バレーボールやバスケットボールをやると背が伸びる、などといわれることがあります。でも、「これをやれば背が伸びる」という特別な競技はありません。運動が大切だからと消耗の激しい過度な運動や、好きでもないスポーツを無理にやることは、むしろ身長の伸びを妨げます。心地よく疲れておなかがすき、夜ぐっすり眠れるような適度な運動を心がけましょう。激しい練習に耐えるような運動は、体ができ上がった高校生になってからで十分です。

運動をすると骨にたて方向の圧力がかかり、それが刺激になって成長を促します。ダンスやミニサッカーなど、子どもの好きな運動はおすすめですが、特別なことはしなくてもいいので す。鬼ごっこやキャッチボールなど、遊びの中でも体を動かすことは十分できます。

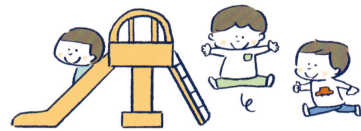

3 良質の睡眠をとる

「寝る子は育つ」は本当です。身長を伸ばす成長ホルモンは、入眠直後の深い眠りのときに最も多く分泌されます。起きているときにもこのホルモンは分泌されますが、眠っているときのほうがよりたくさん分泌されるのです。成長のために必要な睡眠時間には個人差がありますが、幼児期〜思春期以前の子どもは、10時間は睡眠時間を確保したいものです。

成長ホルモンの分泌を促すのは、睡眠時間の長さだけではありません。眠りの質も大きいのです。たとえば、寝る前に夜食をとると、成長ホルモンの分泌が減ってしまいます。食事は就寝2時間前には終わらせておきたいもの。就寝前にテレビやゲームに熱中するのもよくありません。強い光刺激を浴びることで、深い眠りにつくことができにくくなってしまいます。

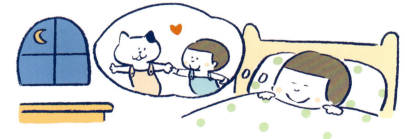

男の子 6才〜

運動が得意な男の子に!

かけっこが速くなる

誰でも練習すれば今より速く走れるように

かけっこが得意かどうかは生まれつきの筋肉のタイプに左右されますが、どの子も練習すれば今より速く走れるようになります。小さいうちはまず、鬼ごっこなどの外遊びを通して「走るのって楽しい」という気持ちを育て、筋力や体力を養いましょう。

子どもにやる気が出てきたら、スタートダッシュや腕振りなど、具体的な走り

位置について

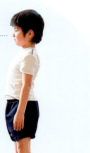

目線は まっすぐ 遠くを見る

体に力が入らないようにリラックスして、ゴールの場所を確認。足は肩幅ぐらいに軽く開きます。

用意

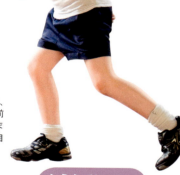

目線はななめ下

体の力を抜いたまま、上半身を前に倒し、前の足に重心をかけます。手はにぎらずに自然に開いています。

ドン!

目線はななめ下

体を前に倒し、その力を借りながら前に進むイメージです。同時に、重心をかけた前足で地面を強くけり、勢いよく飛び出します。

おうちでレッスン

つま先で地面をける感覚をつかもう

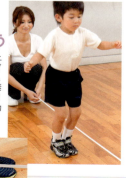

両足をそろえて、ゴムの上をジャンプ。地面からすぐ足の裏を離す練習なので、ピョンピョンピョン、と素早く3回とんで1回休むリズムで。ゴムの位置は、幼児なら足首の高さに。

足裏の筋肉をきたえよう

つま先で地面をける感覚をつかみましょう。どたどた走りにならないよう、地面から素早く足の裏を離す練習を、遊びながら行います。

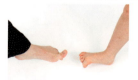

足指じゃんけん。簡単なのに足裏の筋肉をきたえる効果はバツグンです。

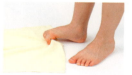

タオルつかみ。床に広げたタオルを、立ったまま足の指でたぐり寄せます。親子で競争しても。

※『新装版 かけっこが速くなる 親子で楽しく1週間おうちレッスン＋なわとび・さかあがり』(主婦の友社) より

PART 4 豊かに育てる男の子の心と体

6才〜 運動が得意な男の子に！

のコツを練習します。運動会前などには、「かけっこで1等賞がとりたい！」と、速く走ることへの意識が生まれやすくなりますが、そんなときが練習のチャンスです。勝ち負けにこだわりすぎず、一生懸命やることの達成感や、自分の記録が伸びる面白さをぜひ体験させてあげてください。

おうちでレッスン
腕振りをマスター

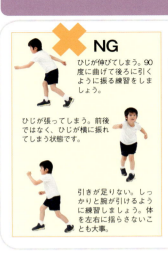

NG
- ひじが伸びてしまう。90度に曲げて後ろに引くように振る練習をしましょう。
- ひじが張ってしまう。前後ではなく、ひじが横に振れてしまう状態です。
- 引きが足りない。しっかりと腕が引けるように練習しましょう。体を左右に揺らさないことも大事。

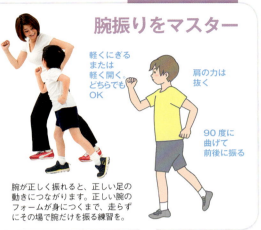

腕が正しく振れると、正しい足の動きにつながります。正しい腕のフォームが身につくまで、走らずにその場で腕だけを振る練習を。

- 軽くにぎるまたは軽く開く。どちらでもOK
- 肩の力は抜く
- 90度に曲げて前後に振る

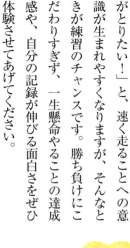

ゴールまで全力でかけ抜ける
目線はまっすぐゴールの先

素早くスピードにのる
目線はややななめ下

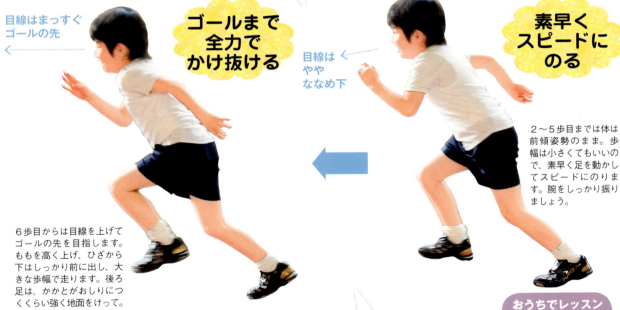

6歩目からは目線を上げてゴールの先を目指します。ももを高く上げ、ひざから下はしっかり前に出し、大きな歩幅で走ります。後ろ足は、かかとがおしりにつくくらい強く地面をけって。

2〜5歩目までは体は前傾姿勢のまま。歩幅は小さくてもいいので、素早く足を動かしてスピードにのります。腕をしっかり振りましょう。

おうちでレッスン
足運びをマスター

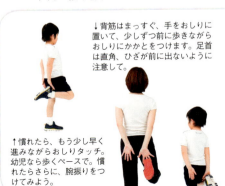

↓背筋はまっすぐ、手をおしりに置いて、少しずつ前に歩きながらおしりにかかとをつけます。足首は直角、ひざが前に出ないように注意して。

↑慣れたら、もう少し早く進みながらおしりタッチ。幼児なら歩くペースで。慣れたらさらに、腕振りをつけてみよう。

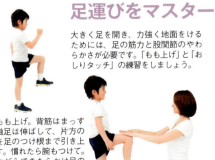

大きく足を開き、力強く地面をけるためには、足の筋力と股関節のやわらかさが必要です。「もも上げ」と「おしりタッチ」の練習をしましょう。

→↑もも上げ。背筋はまっすぐ、軸足は伸ばして、片方のももを足のつけ根まで引き上げます。慣れたら腕もつけて。歩きながらできたらかけ足のリズムでやってみよう。

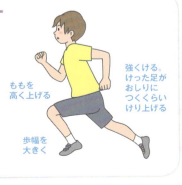

- ももを高く上げる
- 強くける。けった足がおしりにつくくらいけり上げる
- 歩幅を大きく

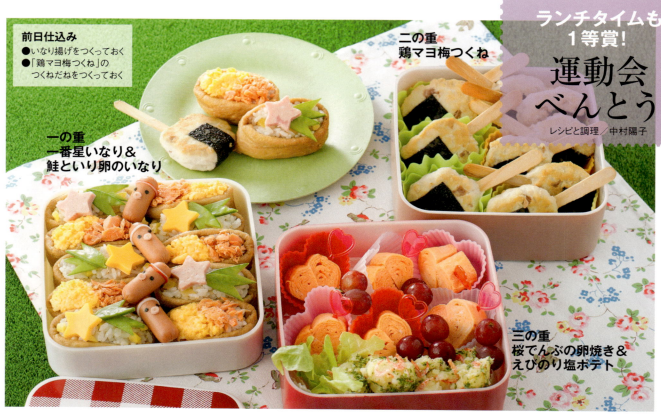

前日仕込み
- いなり揚げをつくっておく
- 「鶏マヨ梅つくね」のつくねだねをつくっておく

二の重 鶏マヨ梅つくね

一の重 一番星いなり＆鮭といり卵のいなり

三の重 桜でんぶの卵焼き＆えびのり塩ポテト

ランチタイムも1等賞！ 運動会べんとう

レシピと調理／中村陽子

一番星いなりべんとう

一の重

★いなり揚げ（前日仕込み）
材料（12個分）
油揚げ…6枚
A（だし1と1/2カップ、しょうゆ、みりん、砂糖各大さじ2）

作り方
1 油揚げはキッチンペーパーではさんで油をとり、半分に切って開く。
2 鍋に1、Aを入れて落としぶたをし、中火にかける。煮立ったら弱火にして15〜20分煮る。汁けがほとんどなくなったら火を止め、そのままさます。

一番星いなり
材料（6個分）
あたたかいごはん…1合分
すし酢（市販）…大さじ2
A（5mm角切りにした市販の栗甘露煮3〜4個、いり白ごま大さじ2）
いなり揚げ…6枚
プロセスチーズ、ボロニアソーセージ…5mm幅薄切り各3枚
絹さや…6枚

作り方
1 いなり揚げは手ではさんで余分な汁けをきる。
2 ごはんにすし酢を加えてまぜ、Aをまぜ合わせる。
3 いなり揚げの口元を少し内側に折り込んで2を等分に詰める。星形に抜いたチーズ、ソーセージ、塩ゆでして飾り切りした絹さやを等分にのせて飾る。

鮭といり卵のいなり
材料（6個分）
あたたかいごはん…1合分
鮭フレーク…大さじ6
A（卵1個、砂糖小さじ1、塩少々）
いなり揚げ…6枚
サラダ油…少々

作り方
1 いなり揚げは手ではさんで余分な汁けをきる。
2 Aをボウルでまぜ合わせ、サラダ油を中火で熱したフライパンに入れ、箸でまぜながらポロポロになるまで火を通す。
3 いなり揚げの口元を少し内側に折り込んでごはんを等分に詰める。2と鮭フレークを等分にのせる。

二の重

★つくねだね（前日仕込み）
材料
鶏ひき肉…450g
マヨネーズ、かたくり粉…各大さじ3
梅干し…大3個
塩…小さじ1/3

作り方
すべての材料をボウルでよくまぜる。

三の重

桜でんぶの卵焼き
材料（6人分）
A（卵6個、桜でんぶ30g、塩小さじ1/4）
サラダ油…適量

作り方
1 Aをボウルでよくまぜ合わせる。
2 フライパンにサラダ油を中火で熱し、1の半量を3〜4回に分けて流し入れる。そのつど油を足しながら、固まってきたら奥から手前に巻いて焼き上げる。残りの半量も同様に作る。
3 2を1.5cm幅に切り、断面をななめ半分に切って片方をひっくり返してハート形にし、ピックで留める。

鶏マヨ梅つくね
材料（12個分）
つくねだね
焼きのり（全形）…1枚
ごま油…大さじ2

作り方
1 つくねだねを12等分し、木べらにつけて丸く形を整え、それぞれ12枚の長方形に切ったのりを巻く。
2 1の半量（6個）を、ごま油大さじ1をひいたフライパンに入れ、中火で熱する。焼き色がついたら裏返して弱火にし、ふたをして5分ほど焼く。残り半量も同様に焼く。

えびのり塩ポテト
材料（6人分）
じゃがいも…3個
A（塩小さじ1/2、ごま油大さじ1、青のり小さじ2、桜えび大さじ3）

作り方
1 じゃがいもは皮ごと水でぬらしてラップで包み、電子レンジで4分ほど加熱する。ひっくり返してさらに3分ほど加熱する。
2 1の皮をむき、ボウルであらくつぶしてAをまぜ合わせる。

124

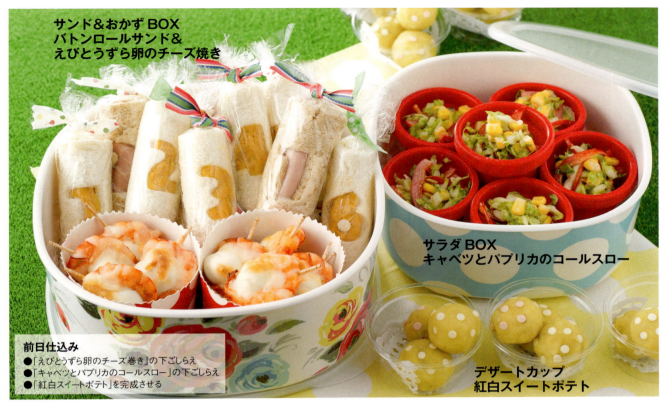

サンド&おかずBOX
バトンロールサンド&
えびとうずら卵のチーズ焼き

サラダBOX
キャベツとパプリカのコールスロー

前日仕込み
●「えびとうずら卵のチーズ巻き」の下ごしらえ
●「キャベツとパプリカのコールスロー」の下ごしらえ
●「紅白スイートポテト」を完成させる

デザートカップ
紅白スイートポテト

バトンロールサンドべんとう

サンド&おかずBOX

バトンロールサンド

材料（12個分）
サンドイッチ用パン…12枚
〈かぼちゃツナサラダ〉
かぼちゃ…正味150g
A（ツナ缶小1缶・70g、
マヨネーズ大さじ1、
塩こしょう各少々）
〈ハムのりチーズ〉
スライスハム…6枚
B（クリームチーズ100g、
青のり小さじ1）

作り方
1 かぼちゃツナサラダをつくる。かぼちゃはラップで包んで電子レンジで2分ほど加熱してボウルでつぶし、Aをまぜ合わせる。
2 パンは数字の型で真ん中を抜く。6枚に1を等分に塗って手前から巻き、ラップで包んで両端をリボンで結ぶ。
3 Bをまぜ合わせる。残りのパン6枚にそれぞれハムをのせ、Bを等分に塗って手前から巻き、ラップで包んで両端をリボンで結ぶ。

えびとうずら卵の
チーズ焼き

材料（12個分）
えび…12尾
うずら卵の水煮…12個
ピザ用チーズ…大さじ4
塩、こしょう…各少々

作り方
★前日の下ごしらえ
えびの殻をむき、竹串で背わたをとる。うずらの卵をえびで包むようにしてつまようじで留める。オーブントースターを予熱しておく。
★当日
1 クッキングシートを敷いた天板に、下ごしらえしておいたえびとうずら卵を並べ、塩、こしょうを振る。
2 チーズを等分にのせ、オーブントースターに入れて10分ほど焼く。

サラダBOX

キャベツとパプリカのコールスロー

材料（6人分）
キャベツ…大3枚（330g）
赤パプリカ…1個
塩…小さじ1/2
コーン缶…大さじ4
A（マヨネーズ大さじ2、
はちみつ大さじ1、塩小さじ1/2）

作り方
★前日の下ごしらえ
キャベツと赤パプリカを5mmの細切りにし、塩をまぜ合わせて5分ほどおき、水けを絞る。
★当日
下ごしらえしておいたキャベツと赤パプリカに、コーン、Aをまぜ合わせる。

デザートカップ

紅白スイートポテト（前日仕込み）

材料（作りやすい分量）
さつまいも…1本（420g）
A（バター10g、砂糖大さじ1〜2）
チョコチップ（ピンク、ホワイト）
…各適量

作り方
1 さつまいもは皮ごと水にぬらしてラップで包み、電子レンジで4分ほど加熱する。ひっくり返してさらに3分ほど加熱し、皮をむいてよくつぶしてAをまぜ合わせる。
2 1を一口大に丸め、表面にチョコチップを埋める。

男の子 6才〜

運動が得意な男の子に！

なわとびをマスター

なわをしっかり回すのがポイント

なわとびのポイントは、なわをしっかり回せるかどうか。正しく回すように、じっくり練習しましょう。最初から長くとび続けるのは無理。数回でも連続とびの感覚をつかんだら、10回に挑戦を。

おうちでレッスン
足をそろえてとぶには「グージャンプ」で練習

両足をそろえてとぶ「グージャンプ」は、大人が思う以上に子どもにとってはむずかしいもの。遊びを通して、足をそろえてとぶ感覚を身につけましょう。

サークルなわで

なわを円形に置き、その範囲を越えないようにグージャンプをします。

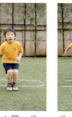
もう1回、グージャンプでなわを越えます。

U字なわで

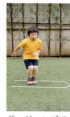
グージャンプで、U の字の真ん中に着地します。

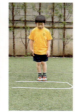
なわをU字にして地面に置き、端に立ちます。

まず「なわ回し」をマスター

繰り返す

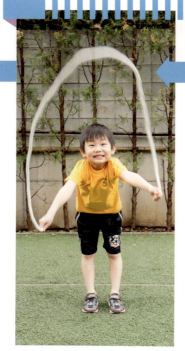

なわを回して元に戻る
とび越えたら姿勢を高くし、両腕を大きく後ろから前へ回して最初の姿勢に戻ります。この3ステップをくり返して練習します。

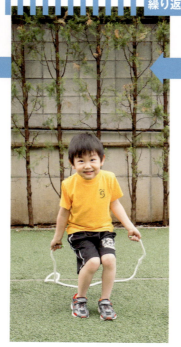

とび越える
とぶときは、両足をそろえるのがポイント。また、なわがからまってしまわないように、両腕は体の横で開くようにしましょう。

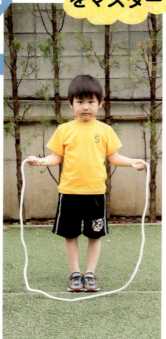

なわを前に置く
スタンバイの姿勢をとります。最初はなわを回しやすいように、後ろではなく前に置いてかまえましょう。

126

PART 4 豊かに育てる男の子の心と体

おうちでレッスン

6才〜 運動が得意な男の子に！

なわの長さ
最初は、なわを片足でふみ、肩ぐらいの高さに調整します。連続5〜10回とべるようになったら、胸ぐらいの長さに短くします。

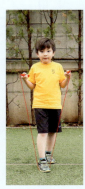
慣れたら胸ぐらい

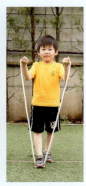
はじめは肩ぐらい

なわの選び方
初心者は、やや重みのあるロープタイプ（右）を使うと、なわを回す感覚がつかみやすいでしょう。50回ぐらいとべるようになったら、軽いゴムタイプに。

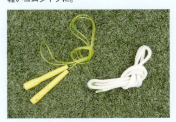

なわのにぎり方
[ロープ]
ロープの端を手のひらに1重巻きつけてから、手をにぎります。

[ゴムタイプ]
グリップの下のほうを手のひらにあて、そのままにぎり込みます。

足のひっかかりをなくす、つま先でとぶ練習
足を後ろに折ってとぶと、なわが足にひっかかりやすくなります。高くとんでいないことが原因なので、子どもの頭上に大人の手で目標をつくり、足をまっすぐ伸ばしたまま上にとぶ練習を。

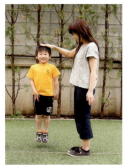

とび続けるにはサークルの中でとぶ練習
何回か続けてとべるようになったら、なわで目印をつけたサークルの中でとび続ける練習をしましょう。

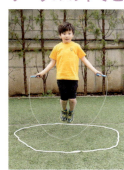

連続10回以上に挑戦

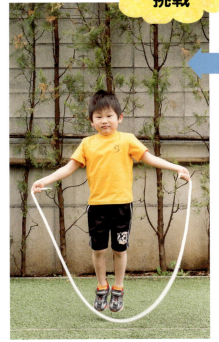

一定の場所でまっすぐ上にとぶ
真上にとび、同じ場所に着地する練習をします。目線は遠くの一点を見るようにまっすぐをキープします。

5回続けてとんでみる

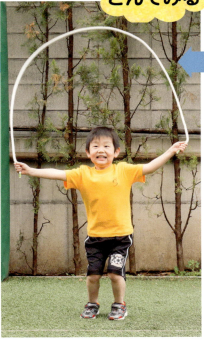

最初は姿勢が悪くてもOK
とぶ→回すのリズムをつけさせます。この段階では、とんで前に進んでも、多少姿勢が悪くても気にせず練習します。

逆上がりをマスター

男の子 6才〜
運動が得意な男の子に！

体が小さいうちに回る感覚をすり込もう

逆上がりにはリズムとスピード、タイミングのとり方が重要です。体が軽くて小さい年長〜小学校低学年のうちにトライするといいでしょう。練習をくり返して、回る感覚を体にすり込みましょう。

おうちでレッスン

1歩でふみ込む練習

「1、2、3！」とリズムをとってふみ込む子もいますが、リズムをとることに意識が強く働いてしまうとかえって逆効果に。ふみ込む足を1歩大きくふむことで、勢いがついてけり上げやすくなります。

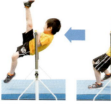
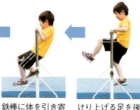

けり上げる足を後ろに引いてかまえ、ふみ込む足のひざを高く上げて大きく前に出します。

鉄棒に体を引き寄せ、ふみ込む足を鉄棒の真下より1足分前の地面に強く押しつけます。

同時に、おなかを鉄棒に引き寄せ、もう一方の足を鉄棒の向こうにけり上げます。

鉄棒に体を引きつける練習

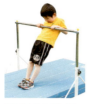

けり上げのときにひじが伸びたりしないよう、ななめけんすいでひじを曲げる力をつけましょう。10秒キープ！

持ち手は順手

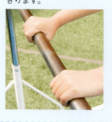

逆手よりも順手のほうが、手首を使いやすくなります。両手は肩幅に開いてにぎります。

遊びで鉄棒に慣れよう

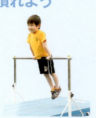

つばめのポーズ。鉄棒の上でバランスをとりながら体を支えます。

布団干し。体を二つ折りにし、そのままの姿勢で力を抜きます。

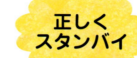

正しくスタンバイ → **鉄棒に体を引き寄せてふみ込む**

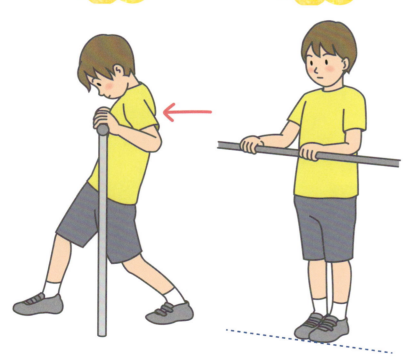

鉄棒の真下から1足分前にふみ込みます。ふみ込む足は、上から下に地面を強く押すように。ひじは曲げたまま、体をグッと鉄棒に引きつけます。

手は肩幅に開き、ひじが軽く曲がるぐらいの位置に立ちます。この姿勢から、けり上げる足を後ろに、ふみ込む足を前に開きます。

PART 4 豊かに育てる男の子の心と体

6才〜 運動が得意な男の子に！

体が回る感覚をつかむ練習

おうちでレッスン

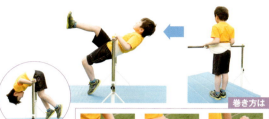
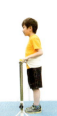
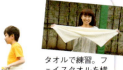

タオルで練習。フェイスタオルを横に対角線をとるように持ち、片方を手前に折ります。

タオルのおかげで体が鉄棒から離れず、回りやすくなります。

巻き方は

ほどけないよう、巻き終わりをしっかりにぎる。

安全のため、タオルの両端はグルグルと2回巻く。

タオルを腰に当てながら両はしを鉄棒に巻きつける。

タオルを鉄棒〜腰に巻きつける

タオルをおしりの上部に巻きます。それ以外の場所に巻くと、体を痛める原因になるので避けて。タオルに支えられた状態でぐるりと回ってみましょう。

足を高くけり上げる練習

おうちでレッスン

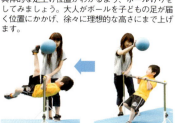
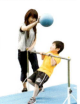

具体的な足上げ位置がわかるよう、ボールけりをしてみましょう。大人がボールを子どもの足が届く位置にかかげ、徐々に理想的な高さにまで上げます。

「ここまで上げてごらん」「もうちょっと！」など、声をかけて。

ボールをかかげる位置は、子どもの頭の真上が理想。

 起き上がる ← 鉄棒の向こうに足を運ぶ ← けり上げる ←

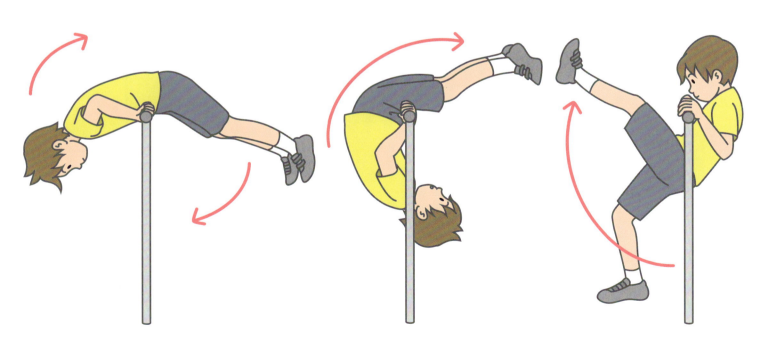

両足が自分の頭に近づき鉄棒を越えたら、足のつけ根を鉄棒に押しつけて回ります。足が回り切ったら上半身を起こし、手首を返します。

鉄棒に体を引き寄せたまま、体を丸めてけり上げた足を頭のほうに。けり上げた足が鉄棒を越えたら、ふみ込んだ足もすぐにけり上げた足にそろえます。

ふみ込むと同時に体を鉄棒に引き寄せ、けり上げる足を頭に向かって鉄棒上にけり上げます。ひじは曲げたまま、できるだけ高く足を上げるイメージで。

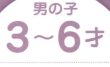

男の子 3〜6才 習いごと

男の子に人気の習いごと

習いごとの人気は時代によって変わる

習いごとは「やりたい」と言ってきたタイミングで始めるケースが多いようですが、そのほとんどが小学校入学前。幼稚園入園前から、という子もいます。習いごとのチョイスは本人の意向だけでなく、親が積極的に体験させるケースもある子のほうが主流になりました。

ひと昔前、男の子のスポーツといえば野球でしたが、いまやリトルリーグで野球をやる子よりも、サッカーをやります。習いごとの人気は時代によっても変わりますね。

英語や習字などは、その代表例でしょう。楽しんで続けられて、個性や可能性を発見するきっかけになればいいですね。

👑 1位 スイミング

小さいうちから水にふれる楽しさを学ぶ

「丈夫に育ってほしい」「泳げるようになることは大事」と、ダントツの支持を得ているスイミング。もの心つく前に、なるべく苦手意識や恐怖心を減らしてあげたいと思う親が多いようです。楽しく泳ぎを学べて飽きない、子どもが自信をつけている、などのよい効果がある半面、「かぜをひきやすくなった」「水をこわがるようになった」などのネガティブな声も。

😊 よかった点
・赤ちゃんのときから始めて、水をこわがらなくなった
・体が丈夫になった
・泳ぎを覚えておくと学校の授業がラク

😣 大変な点
・合わなかったときに恐怖心をなくすのが大変
・かぜをひいたり、中耳炎になったり
・水いぼをうつされる

👛 月謝の平均額
6535 円

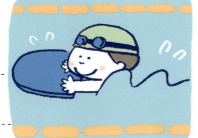

👑 2位 英語

「楽しみながら学べる」が人気の理由

国際化時代を反映して高い人気。ただし幼児期の親の意識はガチガチに勉強するのではなく「耳を慣らす」「将来役に立つかも」と、多少プラスになればという程度。順応性の高い子どものころにコミュニケーション力をつけるにはうってつけという理由で、入園入学の準備として選ぶ人もいるようです。

😊 よかった点
・英語に慣れる、きれいな発音に慣れる
・英語に苦手意識がなくなる
・人見知り、引っ込み思案が改善した

😣 大変な点
・ハロウィンやクリスマスなど行事のたびに月謝以外のお金がかかる
・必ずしも話せるようになるとは限らない

👛 月謝の平均額
7819 円

PART 4 豊かに育てる男の子の心と体

3〜6才 男の子に人気の習いごと

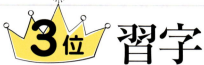

3位 習字

よかった点
・字がきれいに書けるようになる
・ものごとにじっくりとり組むようになる

大変な点
・服を墨で汚すと洗濯が大変
・じっとすわって字を書くのに飽きてしまう

月謝の平均額 3644円

きれいな字は一生もの。集中力アップにもつながる

実生活で役に立ち、昔から根強い人気のある習字。「きれいな字が書けるようになった」「集中力がついた」「姿勢がよくなった」「言葉づかいがきれいになった」などの声が。納得いくまで練習することで文字を書く楽しさを覚えたり、級が上がることに達成感が得られたりすることが継続のポイント。

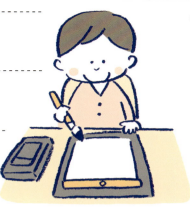

4位 武道

習いごとを始めたのは何才ごろ？
- 幼稚園入園前（3才ごろ）25%
- 小学校低学年（6〜8才）23%
- 幼稚園の年中から（4〜5才）19%
- 幼稚園の年長から（5〜6才）17%
- その他 16%

「やりたがったタイミングで」「きょうだいがやっているのを見て」など、きっかけはさまざまですが、幼稚園入園前が最多。ただし、3才以下の習いごとにはあまり意味がない、という専門家の意見もあります。

強くてやさしい子に育ってほしいから

柔道、空手、合気道、剣道などさまざまですが、「礼儀と強さを習得してほしい」など、心身ともに強い人にと願って習わせたという声が多数派です。剣道や空手では「姿勢がよくなった」という声も。その迫力から、体験レッスンでは半分ぐらいの子が圧倒されて泣いてしまうというデータもあります。

よかった点
・礼儀作法が身につく
・練習のあとは食欲モリモリ

大変な点
・ケガをすることがある
・家で練習したがるがマンションなので近所に気がね

月謝の平均額 4329円

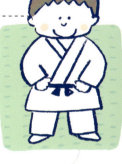

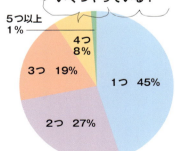

習いごとはいくつやっている？
- 1つ 45%
- 2つ 27%
- 3つ 19%
- 4つ 8%
- 5つ以上 1%

3〜6才の幼児期には、「1つ」の回答が最多。年齢が上がるにつれてかけ持ちする子が増えますが、中学校に入ると部活を優先させて習いごとは減る傾向にあります。

5位 サッカー

よかった点
・団体競技なので協調性が身につく
・性格が積極的になる

大変な点
・当番制や土日の練習など親の負担が大きい
・洗濯が追いつかない
・チームの予定優先で、家族で出かけられない

月謝の平均額 4803円

子どもが楽しく親もいっしょに楽しめる

パパも参加でき、親子で盛り上がれる習いごとナンバーワン。一度始めたら長く続ける傾向があります。チームの運営は地域の少年団（ボランティア運営）がほとんど。親の目が行き届きやすい半面、レギュラー競争が出てくると親子ともども仲間内でギクシャクするなど、いい面と悪い面の両方が。

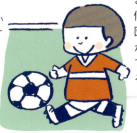

男の子
3〜6才

習いごと

子どもにベストな習いごと選び

習いごとを遊びに優先させない

習いごとが子どもに与える影響は小さくありません。その子に合った習いごとの経験は、よい原体験になります。テレビのスポーツ番組で誰かが転べば、スポーツをしていた子は「残念だろうな」と共感できる。ピアノを習えば音楽だけでなく関連する地理から文学までさまざまな知識を得られ、学校での学習を受け入れやすくなったりもします。心の成長も促されやすいですね。

とはいえ習いごとは、自主性やコミュニケーション能力、主体性など、人格形成の基礎を育てる「遊び」にはかないません。十分に遊び、そのうえで楽しんでとり組めるものを選ぶのが、習い事の位置づけといえるでしょう。

どんな習いごとも楽しめることが大前提

習いごとはくれぐれも、その子が楽し

んでできるものであることが前提です。
シュークリームにしょうゆをかけたら台なしです。シュークリームにしょうゆが合うし、しょうゆは魚にかけたい。習いごともその子に合ったものを、楽しんでとり組んでこそなのです。

「どうしてもこの習いごとをさせたい」「一度始めたからには続けてほしい」と無理に続けさせれば、その習いごとに対して持つのはいやな原体験です。習いごとの主役は子どもです。親は一生懸命になりすぎず、わが子に合わないと思ったら、やめて次へいくというスタンスでいいと思います。

合うかどうかの見きわめには親のカンがものをいう

では、わが子に合った習いごとをどう見きわめるか。大切にしたいのは、子どものいちばん近くにいる親のカンです。「うちの子はコツコツやるのが好きだから」「負けずぎらいなところがあるから」。

きっとこんなことに達成感を持てるだろ

う、と思えるものを試してみてください。
「何才だから」「みんなが始めているから」といったあせりは、せっかくのカンを鈍らせます。体験入会などで楽しめるのは当然、スタートしてからも、最初の1カ月はお試し期間と考えましょう。カンがはずれることも、先生と相性が悪いこともありますから、「始めるからには○年はがんばろうね」などと条件をつけず、気楽にとり組みましょう。

そうやって始めた習いごとがうまく回りだしても、続けるうちにはスランプに陥ったり、理由もなく行きたがらなくなったりすることがあるでしょう。そんなとき、親は「オウム返し」でサポートしてあげてください。

「行きたくない」と言うなら「行きたくないんだね」「こんなことがあった」なら「こんなことがあったんだね」と、子どもの話を聞いて共感してあげる。するとだんだん自分で考えて工夫し、乗り越えていきます。習いごとを通じた自立のチャンスを、ぜひうまく利用しましょう。

PART 4 豊かに育てる男の子の心と体

3〜6才 ベストな習いごと選び

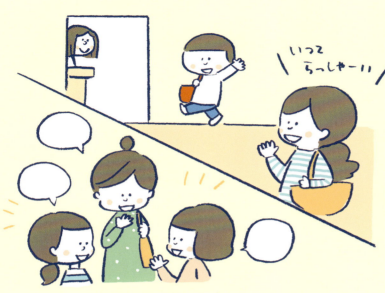

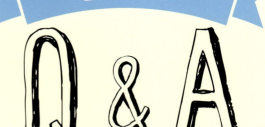

習いごと Q&A

Q みんなが習いごとをしているから、という理由で始めるのは？

**悪くありませんが
習いごとに頼りすぎないで**

防犯面などで外遊びがむずかしい時代です。習いごとがお友だちとの接点になっているのなら、ひとりでいるよりいいかもしれません。ただ、自由な遊びは子どもの感性や主体性を育てる重要な活動です。習いごとだけでない、遊びの時間をつくってあげて。

Q 子どもの意思ではなく、親がさせたい習いごとをさせるのは？

**「その子に合っているか」
をまず考えて**

「音楽が好きだからきっとピアノも好きだろう」というように適性を考えてのことなら、本人が「やりたい」と思うように導くのはいいかもしれません。そうではなく「将来役に立つだろう」といった理由だと、いずれ衝突する可能性があります。

Q 幼稚園入園前に習いごとをさせる意味はある？

**あまり理屈をつけず
やるなら楽しめる範囲で**

意味のあるなしではなく、この時期は「子どもがいやがらない範囲で」が大原則。フラッシュカードなどの知育系も生まれつき楽しめる子はいるので、その範囲でやればいいでしょう。楽しくないのに続けるのは大事なものを壊します。「○才までに」という業者のあおり文句には踊らされないように。

Q 見学や体験ではどんなことに注意すればいい？

**子どもの反応を
しっかり観察して**

「好きこそもののじょうずなれ」といいます。子どもが楽しんでとり組めていれば体はよく動き、知識も吸収されやすいでしょう。教室の雰囲気として、ゴールを設定して指導するのか、子どもを中心にできることを伸ばそうとするのかも見きわめて。選ぶなら後者です。

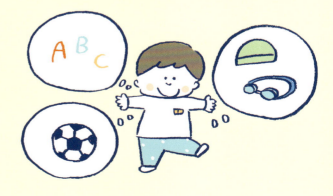

男の子イベント 0才

初節句

すこやかな成長を願う 端午の節句

こいのぼりやかぶとは母方の祖父母が贈る伝統が

5月5日は「こどもの日」ですが、男の子にとっては端午の節句。初節句を親せきが集まって祝う家もあるでしょう。

そもそもは月はじめの5の日のことでした。奈良時代に入ると5月5日に行われる宮中の宴会が重んじられるようになり、いつの間にか端午＝5月5日となりました。この日に無病息災を祈り、邪気をはらうしょうぶを用いるようになったのもこのころです。鎌倉時代に入ると「しょうぶ＝尚武（武を尊ぶ）」の語呂合わせで、武家の間でこの日を節目とするように。江戸時代には武家だけでなく庶民にも広まり、男の子のすこやかでたくましい成長を祈る日になりました。

こいのぼりやよろいかぶとは、武者人形は端午の節句に欠かせないアイテム。よろいかぶとは、母方の祖父母が贈るという伝統に沿う家が多いようです。

かぶとの折り方

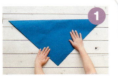
1 正方形の紙を半分に折り、逆三角形にする

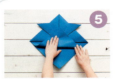
5 下側の1枚目を写真の位置で折る

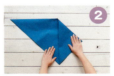
2 右上の角と下の角を合わせるように折る

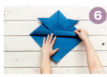
6 もう一度、写真のように上へ折り返す

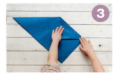
3 続いて、下の角を上の角に合わせて折る。左側も同様に折る

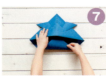
7 残った部分を、かぶとの中に折り込む

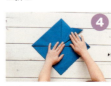
4 写真のように折り返して、かぶとの角をつくる。左側も同様に折る

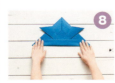
8 完成。53cm四方ぐらいの大判の紙でつくると、頭にかぶせられる大きさになる

こいのぼり箸置き

1 正方形の紙を4等分するように折って戻し、折り目をつける

5 図のように折る

2 左側を中央の線に合わせて折る

6 中央の横線に合わせて折る

3 裏表をひっくり返す

7 下部分を折り上げ、上の白い部分に差し込む

4 中央の横線に合わせて折って戻し、折り目をつける

8 裏表を返して、目やウロコを描いて完成

PART 4 豊かに育てる男の子の心と体

0才 男の子イベント／初節句

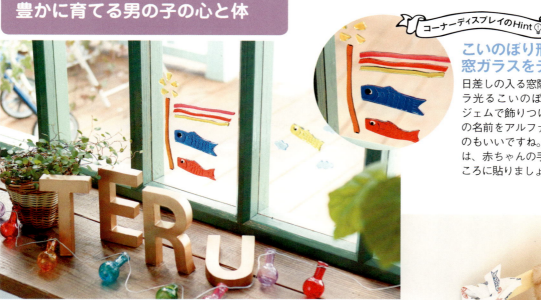

コーナーディスプレイのHint
こいのぼり形のジェルジェムで窓ガラスをデコレーション

日差しの入る窓際には、キラキラ光るこいのぼり形のジェルジェムで飾りつけを。赤ちゃんの名前をアルファベットで飾るのもいいですね。ジェルジェムは、赤ちゃんの手が届かないところに貼りましょう。

コーナーディスプレイのHint
和柄の紙を敷くだけで雰囲気が変わる

棚の上やサイドボードなど、何気ないスペースに千代紙を敷くだけでガラッとイメージチェンジ。こいのぼりの飾りや折り紙かぶとを置いて、こどもの日のムードをアップさせましょう。

五月人形を飾る期間は？

飾り始めるのは、春分の日〜4月中旬ごろまでに。しまうタイミングは、季節の節目という節句の由来から、5月中旬までの天気のよい日がおすすめです。こいのぼりも、同じように飾りましょう。

なぜかしわもちを食べるの？

かしわの木は神事に用いられ、男性的で荘厳な慶祝の意味を持ちます。端午の節句にかしわの葉で包んだもちを食べるのは、縁起がよいこととされました。また、ちまきは災いをはらう食べものとされています。

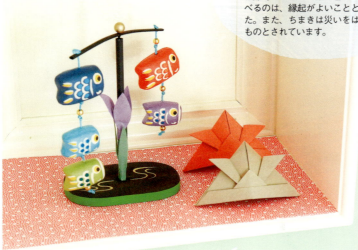

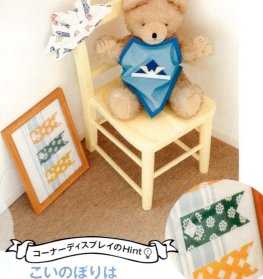

コーナーディスプレイのHint
こいのぼりは額に入れて飾る

千代紙でこいのぼりをつくり、絵画のように額縁に入れて飾ってみましょう。粋な端午の節句ディスプレイになります。額縁がなければ、写真立てで代用してもいいですね。金太郎の腹がけをぬいぐるみにつけて、いっしょに飾るのも楽しい！

五月人形を飾るのはなぜ？

よろいやかぶとは、身を守る道具として、武家の男子に大切なものでした。江戸時代の平和な世の中になると、子どもの身を守り、災いが起きないようにという願いから、よろいやかぶとを飾る風習になったといわれています。

かしわもち

材料（6個分）
A（上新粉85g、白玉粉20g、きび砂糖小さじ2、水100mℓ）
市販のこしあん（白あんまたは小豆あん）…100g
かしわの葉…6枚（菓子材料店で購入できる）

作り方
1 こしあんを6等分する。
2 耐熱ボウルにAを入れて手でよくまぜる。ラップをかけて電子レンジで2分ほど加熱する。へらでまぜ、水を数滴（分量外）振りかけて、再びラップをして2分ほど加熱する。
3 2をへらでさらにまぜ、粗熱がとれたらぬれぶきんの上に生地をのせる。ふきんごと折りたたむようにして生地を練る。
4 生地がまとまり、ちょうどよいかたさになったら6等分して楕円形にのばし、こしあんを包んでかしわの葉でくるむ。

こどもの日
親子でおいしいお祝いごはん＆離乳食
レシピと調理／ワタナベマキ

大人のごちそう

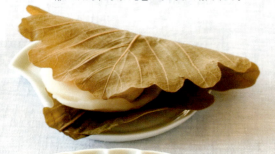

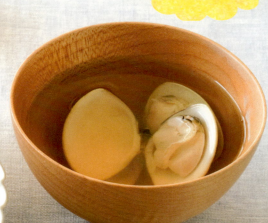

はまぐりのお吸い物

材料（大人2人分＋取り分け分）
はまぐり…4個
A（水400mℓ、塩大さじ1）
だし（昆布）…450mℓ
酒…大さじ1
薄口しょうゆ…小さじ1

作り方
1 はまぐりは殻同士をこするように洗い、ボウルに入れたAにつけてアルミホイルでおおい、涼しい場所に3時間ほど置いて砂出しする。
2 鍋にだしと酒を入れて中火にかける。煮立ったら、水けをきった1のはまぐりを加え、アクをとりながら口が開くまで煮る。
3 しょうゆを入れ、煮立つ直前で火を止める。

彩りちらしずし

材料（大人2人分＋とり分け分）
れんこん…100g
きゅうり…1本
にんじん…中1/3本
大根…2cm分
グリーンピース…80g
卵…2個
あたたかいごはん…2合分
だし（かつおぶし・昆布）…400mℓ
塩…小さじ1
A（米酢70mℓ、塩小さじ2、砂糖大さじ2）

作り方
1 れんこんは皮をむき、5mm角に切る。きゅうりはところどころ皮をむき、5mm角に切る。にんじんと大根は皮をむき、それぞれ5mm厚さの輪切りにする。グリーンピースはゆでておく。
2 鍋にれんこんを入れ、だしと塩を加えて中火にかける。ひと煮立ちしたら弱火にし、5分ほど煮てそのままさまし、さめたらざるに上げて水けをきる。
3 1のにんじんと大根は好みの型で型抜きし、さっとゆでる。
4 卵は塩少々（分量外）を加えてまぜ、油少々（分量外）をひいたフライパンで薄焼き卵をつくり、3mm幅に切る。
5 Aをまぜ合わせてごはんに加える。さっとまぜ、さらにきゅうり、2を加えて軽くまぜる。
6 5を器に盛り、4、3、グリーンピースをのせる。好みでいり白ごま適量（分量外）を振る。

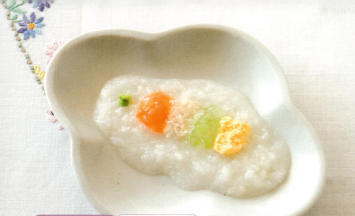

ゴックン期 5～6カ月ごろ
にんじんとグリーンピースのお花がゆ

材料
（大人のちらしずし
からとり分け）
にんじん…10g
グリーンピース…5個
〈とり分け以外〉
10倍がゆ…大さじ1
だし…適量

作り方
1 にんじんとグリーンピースは、小鍋にたっぷりのだしで、指でつぶせる程度にやわらかく煮る。
2 すり鉢に1のにんじんを入れてだし小さじ1を加え、なめらかになるまですりつぶす。
3 グリーンピースは薄皮をむき、すり鉢に入れてだし小さじ1を加え、なめらかになるまですりつぶす。
4 器に10倍がゆを盛り、2、3をところどころに丸くのせる。

モグモグ期 7～8カ月ごろ
こいのぼりの彩りごはん

材料
（大人のちらしずし
からとり分け）
にんじん…10g
きゅうり…10g
〈とり分け以外〉
鶏ささ身…5g
卵黄（しっかりゆでたもの）
…1/2個分
5倍がゆ…大さじ2
だし…適量
水どきかたくり粉…少々

作り方
1 鍋に水を沸騰させ、ささ身を入れてふたをして火を止める。余熱で火を通しながらそのままさます。
2 1がさめたら、繊維がこまかくなるよう包丁でつぶすようによくたたく。
3 にんじんときゅうりは、それぞれ小鍋にたっぷりのだしでやわらかくゆで、すり鉢に入れてすりつぶす。
4 3をそれぞれ再びなべに入れて、だし50mlでひと煮立ちさせ、水どきかたくり粉でとろみをつける。
5 卵黄をつぶし、だし少々を加えて食べやすいかたさにのばす。
6 器に5倍がゆを盛り、その上に2、4、5をこいのぼりのうろこのようにのせ、きゅうりで目をあしらう。

離乳食

パクパク期 1才～1才半ごろ
こいのぼりずし

材料
（大人のちらしずし
からとり分け）
にんじん…10g
れんこん…10g
グリーンピース…8個
〈とり分け以外〉
卵…1/3個
かたくり粉…小さじ1/2
しらす干し…5g
軟飯…70g
だし…適量
植物油…少々
のり…適量

作り方
1 にんじんとれんこんはみじん切りにする。鍋で沸かしただしに入れ、やわらかくなるまで煮てざるに上げ、汁をきる。にんじん2かけは飾り用に残しておく。
2 グリーンピースはやわらかくゆでて薄皮をむき、半分に切る。
3 卵にかたくり粉を加えてまぜ、油をひいたフライパンで薄焼き卵を2枚作る。5cm四方になるように端を切って整える。
4 しらすはさっと熱湯をかけて塩抜きし、3等分に切る。
5 軟飯に1、4を加えてまぜ、2等分して棒状にし、3で巻く。
6 器にさおを描くようにグリーンピースを並べ、5をのせる。にんじんをこいのぼりの目、さらに半分に切ったグリーンピースをうろこ、こまかく切ったのりをひれのように飾る。

カミカミ期 9～11カ月ごろ
子ども具だくさんそうめん

材料
（大人のちらしずし
からとり分け）
れんこん…10g
グリーンピース…5個
きゅうり…10g
にんじん、大根（皮をむいたもの）
…各2～3mm幅1枚
（大人のお吸い物からとり分け）
お吸い物（汁のみ）…80ml
〈とり分け以外〉
ゆで卵…1/2個
そうめん…40g
だし…適量

作り方
1 れんこんは皮をむいてみじん切りにし、小鍋にたっぷりのだしと入れて中火にかけ、やわらかく煮る。
2 グリーンピースはやわらかくゆでて薄皮をむき、あらめにつぶす。
3 きゅうりは皮と種をとり除き、せん切りにする。
4 ゆで卵はみじん切りにする。
5 にんじんと大根は、花やかぶとなどの形に型抜きをし、小鍋にたっぷりのだしでやわらかくなるまで煮る。
6 そうめんをやわらかくゆで、水でもみ洗いして水けをきり、1cm長さに切って器に盛る。1、2、3、4、5をのせ、大人のお吸い物の汁をかける。

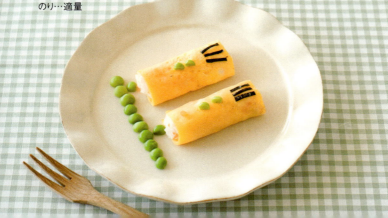

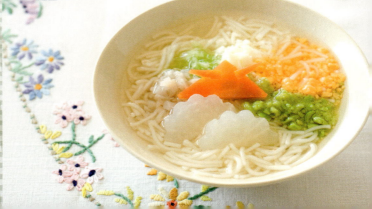

男の子イベント 3才5才
七五三

成長の節目を祝う七五三

男の子は5才でのお祝いが主流です

七五三は、毎年11月15日に子どものすこやかな成長を祈って神社などに詣で、お祝いをする風習です。男の子は3才と5才で、女の子は3才と7才で祝うものとされています。最近では2回行う家は少なく、男の子は5才で祝うケースが多いようです。

七五三は江戸時代に始まった神事で、ケジュールを組みましょう。

正式には旧暦の数え年で行うものとされていますが、近年では満年齢で行う家庭がほとんどです。参拝は11月15日にこだわらず、家庭の都合に合わせてスケジュールを組みます。写真だけを前撮りするケースも増えています。

参拝は11月15日にこだわらず、家庭の都合に合わせてスケジュールを組みます。写真だけを前撮りあるいはあと撮りするケースも増えています。

親せきが集まって食事会を開くなど、親にとっては一大イベントですが、主役の子どもは慣れない着物で動きを制限され、不機嫌になることも。無理のないスケジュールを組みましょう。

本番までのモデルスケジュール

7～8月
写真館を予約する
遅くとも、撮影の2～3カ月前までには予約をすませておく。直前だと予約がとりにくくなるほか、気に入った衣装が押さえられてしまって借りられないケースも。

9～10月
前撮り
撮影は七五三の当日ではなく、なるべく前撮りするのがおすすめ。当日は子どもが疲れてぐずったり、バタバタしてちゃんと撮影できなかったりすることが多い。

11月15日前後
参拝
参拝当日のスケジュールは、綿密に立てておく。非日常のイベントであわててしまうこともあるので、無理のないスケジュールを。

内祝いお返し発送
（参拝から2週間以内）
祖父母や親せきからお祝いをいただいたら、お返しは2週間以内に発送するのが原則。ただし、近しい身内からのお祝いのため、6割の家庭はお返しを送っていない。

12月
あと撮り
参拝前に忙しくて撮影できない場合は、参拝後に記念写真を撮る方法も。写真館が比較的すいていて、じっくり撮影できる。

七五三の平均データ

もらったお祝いの額
- 1万円未満 1%
- 5万円以上 17%
- 1万～3万円未満 53%
- 3万～5万円未満 29%

1万～3万円がほぼ5割。お祝い金はもらったけれど、撮影費や食事代をすべて祖父母に出してもらうケースも。

参拝祈祷に包んだ額
- その他 7%
- 1万円以上 5%
- 5000円 44%
- 5001～1万円未満 44%

初穂料は子どもの名前を表書きした祝い袋に入れて持参する。納める金額が決まっていることもあるので、確認しておこう。

晴れ着の撮影場所
- カメラマンに依頼 3%
- データ販売型写真スタジオ 13%
- 地元の写真館 19%
- アルバム型写真スタジオ 65%

撮った写真を選んでアルバムにできる写真スタジオが6割以上。写真館により価格やサービスが異なるのでよく検討して。

内祝いを贈ったかどうか
- 送った 40%
- 送らなかった 60%

お返しをする人は半数割れ。食事会への招待で十分という意見も。贈る場合は、いただいた額の1/3程度が目安。

食事会のメニュー
- その他 26%
- 懐石料理 42%
- 洋食 1%
- すし 31%

伝統行事とあって、懐石料理やすしなど、和食が好まれる傾向に。から揚げなど、子どもが好きなものを手づくりする人も。

スタジオ予約の時期
- 当日 1%
- 撮影1カ月前 22%
- 撮影2カ月前 20%
- 撮影3カ月以上前 57%

早めに予約をすれば衣装や日程の融通がききやすく、落ち着いて撮影日を迎えられる。早割プランがあることも。

PART 4 豊かに育てる男の子の心と体

3才・5才 男の子イベント／七五三

参拝当日のスケジュール

余裕を持った事前の準備がポイント

参拝はやはり伝統的な11月に行う家庭が多く、全体の6割をしめます。それだけに、11月の土日は混雑も予想されます。

普段とは違う服装で神社へ行き、すわって祈祷を受けるのは、3才はもちろん5才の子にとってもなかなかハードルが高いこと。余裕を持って行動できるよう、当日の流れを想定して準備しましょう。子どもにもどんなことをするのか、あらかじめ説明しておくといいですね。

当日は子どもの機嫌のいい時間帯を中心にした、余裕のあるスケジュールで。準備の段階で子どもに好みを聞くと、「自分のお祝いだ！」という意識が高まります。

10:00 出発
参拝は、遠くの有名神社より、近くの氏神様へ詣でるのが本来の七五三です。午前中には出発を。

11:00 参拝
賽銭を入れて手を合わせる、おはらいを受けるのが正式。事前に祈祷予約や、初穂料の額などを確認しておきましょう。

12:30 子どもの着替え、食事会へ移動
和装の場合、長時間の着用は子どもの負担が大きいです。お参りが終わったら動きやすい服装に着替えを。

13:00 会食
家族や親せきで、お祝いの食事会を。ピークの時間をずらす、個室を予約するなど、気がねなく過ごせる手配を。

16:00 帰宅
子どもが疲れすぎない時間に帰宅できるよう、スケジュールを立てましょう。

必ず持っていきたいのは

小さなお菓子
待ち時間が長くてご機嫌ななめになることも。グミや飴などの小さなお菓子を持参して。

エコバッグ
神社でおみやげ品をいただくことも。たためるバッグがあれば、荷物が増えてもOK。

替えの靴
慣れないぞうりで足が痛くなることがあり、必携。脱いだぞうりを入れる袋も忘れずに。

ストローつきの水筒
さっと飲めてこぼす心配がないストローつきが便利。こぼしにくく、口紅もとれません。

大きめのタオル
飲食時に衣装が汚れないようかぶせたり、ベンチですわるときにおしりの下に敷いたり。

洗濯ばさみ
トイレでは、洗濯ばさみで着物のすそを持ち上げて留めましょう。汚さずにすみ、安心です。

わが家の七五三

お参りをすませたらサッサとふだん着に……
5才のときにお祝いをしました。無事にお参りをすませたあと、両家の祖父母を招いての食事会。肝心の本人は着物がきゅうくつだったようで、さっさとふだん着に着替え。とたんに機嫌がよくなり、ニコニコしてごはんを食べていました。

わが家の七五三

ばんそうこう＆スニーカー。わんぱく坊主の七五三です
数日前に眉毛をぱっくり割るケガをしたため、顔にはばんそうこう。着物は夫が七五三で着たものですが、たびとぞうりがいやで途中でスニーカーにはき替えました。わんぱく坊主ですが、祖父母にとっては特別なイベントだったようです。

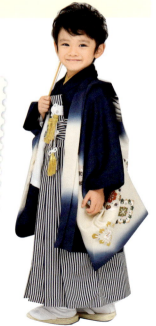

男の子イベント
3〜4才
入園

はじめての集団生活へ

登園泣きをするのは順調に育っている証拠

3年保育なら3才、2年保育なら4才で、幼稚園に入園します。男の子はママべったりの甘えん坊も多く、登園泣きに悩まされる人が少なくありません。ママが大好きでママから離れたくないというのは、母子の愛着関係がしっかりつくられているということ。登園泣きは、順調に成長している証拠だと考えましょう。

それまで一日中子どもと過ごしていたママには、少し自由な時間ができます。その時間を使って「子どもが帰宅したら何をして過ごそう？」と考えてみてください。園では友だちと、家ではママと、子どもにとっては楽しい時間が2倍になったと思えると、前向きに楽しめます。

ただし、夏休み前になっても泣き続ける場合は幼稚園の雰囲気が子どもに合わないこともあるので、園との相性が悪いようなら転園を考えても。

ママの手を離れ、ひとりで幼稚園へ。入園前に、先輩ママは何をしたのでしょうか。

やった・やらない　入園前のしつけ

ひとりでトイレに行く

やった 60%
自宅では問題なくても、環境が変わるとうまくできなくなることがあります。便意や尿意をきちんと伝えられるようにしておきたいもの。

おむつはずし
やった 72%
必須ではありませんという園が多いですが、おむつがないほうが動きが自由で、子どもにはストレスが少ないようです。

自分の名前を言う
やった 76%
幼稚園によっては、入園までに自分の名前をはっきり言えるように保護者にお願いするところも。返事をする練習もしておくとベター。

字を読む、書く練習
やった 6%
入園の時点で字がわかる必要はないと考える人が大多数。自分の持ちものは、指定されたマークをつけて見分けます。

自分で着替える
やった 65%
入園をきっかけに、着替えの練習をする家庭が多いようです。スナップやファスナーなどの練習をさせる家庭も。

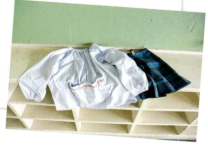

140

PART 4 豊かに育てる男の子の心と体

3〜4才 男の子イベント／入園

幼稚園生活、ここが不安です

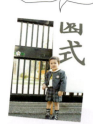

おもらししたらどうしよう？
失敗は当たり前。
おおらかに見守って
年少さんのトイレの失敗は珍しくありません。園に「まだ不安です」と伝えておけば、先生はうまく対応してくれますよ。

ママから離れられません
子どもには自ら育つ力が備わっています
すぐに集団にとけ込めないのは当然です。離れられないのは、ママとの愛着関係がしっかりできている証拠。わが子を信じて。

偏食なのでおべんとうが心配
最初のうちは
「全部食べる」を目標に
最初のうちは、子どもの大好きなおかずだけでOK。量も少なめにして、「食べられた」という成功体験を積ませましょう。

ママ友づくりが苦手です
自分らしくいればいい
無理にママ友をつくらなくても。ママの立ち話が苦手なら、「おばちゃんと鬼ごっこしよう」と、子どもたちと遊んでみたっていいんですよ。あなたはあなたのままでOK。

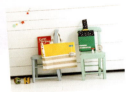

\新入園生活は？/

しばらくの間幼稚園から脱走する常習犯でした
4才で入園。本人は幼稚園がどういうところなのか、今ひとつよくわかっていなかったようです。家から歩いて2〜3分とすぐ近くだったので、しょっちゅう脱走して帰宅。夏休みに入るころに、ようやく落ち着きました。

入園前1カ月のTo DOリスト

1カ月前
園の規定サイズに合わせてサブバッグなどを用意する
園の説明会は2月に行われることが多い。早めに既定のサイズを確認してつくり始めましょう。人気のキャラがついた布は、式直前だと品切れ必須。

3週間前
子どもの式服を準備し、試着させておく
せっかく買った式服だからと、そのままクローゼットにしまい込んでいませんか？ 着心地など、直前にあわてないよう確認を。

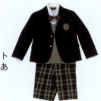

2週間前
子どもの食べる量に合わせてべんとう箱を購入
食べきれる小さめサイズを準備する家庭が多いようです。最初のうちは、ふたの開け閉めがしやすいアルミタイプがおすすめ。

うわばき、長靴などのサイズアウトをチェック
サイズの変わりやすいうわばきや長靴などは、あまり早くから準備すると使うときにサイズアウトしている可能性が。

洋服や小物への名前つけをスタート
名前つけは案外手間がかかります。シールの使用がOKなら、ラベルの印刷ができるラベルライターなどを使う手も。はんこも便利です。

1週間前
ハンカチやタオルなど、買い足し品を準備する
毎日使うものは、予備や洗い替えを追加。買いすぎずあくまで予備程度に準備し、新生活が始まったら様子を見て買い足していきます。

入園式に持っていくものを確認しておく
式の直前にあわてないよう、余裕を持って準備を。手持ちで足りないものがあっても、1週間前から用意すれば買い足しもできます。

3日前
デジカメやビデオなどの充電をチェック
使わなくても、バッテリーは時間がたつと放電してしまいます。メモリー残量と合わせて、必ず事前に確認を。

男の子イベント 6才 入学

学校生活のスタート

時間をかけて ひとりでできるように練習

高校、あるいは大学まで、長く続く学校生活の第一歩が小学校入学です。まだ危なっかしい子がひとりで行ってひとりで帰ってきます。幼稚園とくらべて荷物は多くなり、連絡帳のやりとりや宿題なども課されるようになります。「もう1年生なんだから」とほったらかすのも、全部やってあげるのもよくありません。キーワードは「いっしょにやる」。帰ってきたらいっしょにランドセルをあけて、「国語、算数、このくしゃくしゃのプリントは？」と、ひとつずつ出しましょう。鉛筆を削らせ、許可書を並べ替えて、またひとつひとつ入れていく。その中で学校の様子も聞けるので一石二鳥です。

目標は、子どもが自分でそうしたことができるようになる自立です。よくできる子でも、声がけや親の手伝いは小3ぐらいまでは必要です。小4で自立できることを目標にするといいでしょう。

入学前に押さえておきたい生活スキル

幼稚園時代とは大きく変わる小学校の生活環境。入学前に慣れさせておいたほうがいいことは？

自分の名前の読み、書き
文字は学校で習うので必ずしも教え込む必要はありませんが、ひらがなで自分の名前の読み書きだけは、できるようにしておくといいでしょう。

早寝早起きで生活リズムを整える
はじめての学校生活は刺激的ですが、疲れることでもあります。学習に支障をきたさないためにも、入学前にきちんと生活リズムを整えて。

ひとりで電話がかけられる
学校に設置された公衆電話のかけ方、習いごとの「迎えに来てコール」など。10円玉やテレホンカードを入れて電話をかける体験をさせておくといいでしょう。

いすにすわっていられる
小学校は、授業を受ける場所です。新1年生の中にはウロウロと立ち歩く子も珍しくありませんが、自宅でいすにすわる練習をしておくといいでしょう。

通学路の確認
車の往来が激しい道や川など、通学路には危険な場所もあります。事前に子どもといっしょに歩いて確認し、注意を促しておきましょう。

和式トイレが使える
学校によっては和式トイレしかないところもまだあります。入学してから困らないように事前チェックし、和式トイレがあるスーパーなどで練習を。

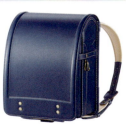

ランドセルは前年秋ごろの購入が主流
新作が出始めるのは8〜10月。人気の工房系やブランド系を狙うなら、予約が可能な10月ごろまでに。男の子の人気色は黒、青、紺、茶色の順。

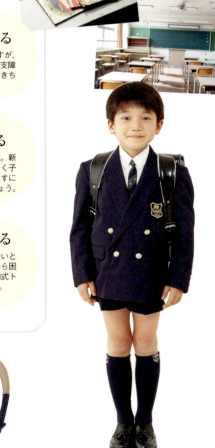

142

PART 4 豊かに育てる男の子の心と体

6才 男の子イベント／入学

小学校生活、ここが不安です

いじめが心配です
親の不安を解消するために子どもを変えようとしない
起きていないいじめを心配して「空気を読む」ようなことを教え込まないで。「あなたが大好き」「信頼している」と伝え続けるのが親の役目です。

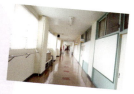

同じ幼稚園出身の子がいません
子どもの順応性を信じましょう
小さな子どもはすぐに友だちをつくるもの。親が先回りして不安にさせてはいけません。順応性を信じてあげてください。

文字を教えておくべき？
好きなものの名前などを教えてあげても
ひらがなやカタカナを事前に覚えておくと、スムーズに勉強がスタートできるメリットもあります。好きな怪獣の名前など、興味を持てるものを教えてあげても。

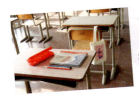

食物アレルギーがあります
事前にしっかりと相談を
アレルギーは場合によっては命にかかわりますから、事前に食べられないものをしっかりと告げ、先生に相談しておきましょう。

＼新入学生活は？／

あっという間に新生活になじみ、子どもはたくましいです

お友だちと仲よくできるかな、勉強についていけるのかなと、いろいろ不安でしたが、あっという間に学校になじみました。宿題や連絡ノートのやりとりなど、むしろ今（5年生）のほうが慣れからなのか、できなくなってしまいました。

入学前1カ月のTo DOリスト

1カ月前
防災ずきんカバー、体操服入れなどの袋ものを購入またはつくる
学校によって準備するものが違うため、可能なら同じ学校の先輩ママにリサーチしておくと準備がスムーズ。実際に子どもに持たせてサイズ感も確認して。

3週間前
子どもの式服を準備し、試着させておく
式服を買ったら、必ず試着させて。着心地やボタンのはまり具合など、直前であわてないように、きちんと確認しましょう。

必ず必要になる文房具類を買いそろえる
必ずそろえなければいけない学校指定の文房具は、売り切れる前に早めに購入を。キャラクターものが禁止されている学校も多いので注意して。

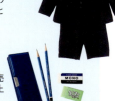

2週間前
うわばき、長靴などのサイズアウトをチェック
サイズの変わりやすいうわばきや長靴などは、あまり早くから準備すると使うときにサイズアウトしている可能性が。

洋服や小物への名前つけをスタート
名前つけは案外手間がかかります。シールの使用がOKなら、ラベルの印刷ができるラベルライターなどを使う手も。はんこも便利です。

1週間前
ハンカチやタオルなど、買い足し品を準備する
毎日使うものは、予備や洗い替えを追加。買いすぎずあくまで予備程度に準備し、新生活が始まったら様子を見て買い足していきます。

入学式に持っていくものを確認しておく
式の直前にあわてないよう、余裕を持って準備を。手持ちで足りないものがあっても、1週間前から用意すれば買い足しもできます。

動きやすい服、通学用の靴を用意する
通学距離が長い子は特に、用意したスニーカーで疲れないか、はきならしも含めて実際に小学校まで歩いてみましょう。

3日前
デジカメやビデオなどの充電をチェック
使わなくても、バッテリーは時間がたつと放電してしまいます。メモリー残量と合わせて、必ず事前に確認。

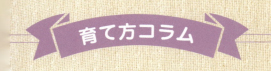

育て方コラム

算命学に学ぶ、男の子の育て方とは?

算命学黄位八段　清水南穂先生

　人が持って生まれた「宿命」のエネルギーを、どう消化すれば幸福に生きられるのか。それを導き出す学問が算命学です。古代中国では、王家が国を治めるための門外不出の教えでした。

　算命学では、男と女は本質的に違うとされています。男性は総じて「徳人」です。これは、人の力を借りることで何倍もの力を発揮する傾向です。女性の場合は「才人」。自分の力を100%発揮する傾向です。つまり、男の子には他力運が、女の子には自力運が、生来備わっていると考えられています。男性が集まると「先輩後輩」「年功序列」などの意識が働いて上下関係ができやすいのはこのため。女性の場合はお互い対等で横並びの関係になることが多い。横並びですから競争意識も強く、攻撃的なパワーは一般的に女性のほうが強いのです。

　また、女性は現実の世界、形があるものに対しての意識や執着が強く、「今日をきちんと生きていこう」と人生を現実的にとらえます。一方の男性は夢やあこがれなど形のないものへの意識が強く、その分、現実への対応が弱くなりやすい面があります。あまりモノに執着しない男の子には、おもちゃや洋服を買い与えるよりも、何かを創造したり訓練したりする場を与えてあげるといいでしょう。そしてまた、少なくとも学童期まではなるべく男女いっしょの集団で遊ぶこと。男女の性質がほどよくまざることで、それぞれの持ついい性格が伸びるからです。

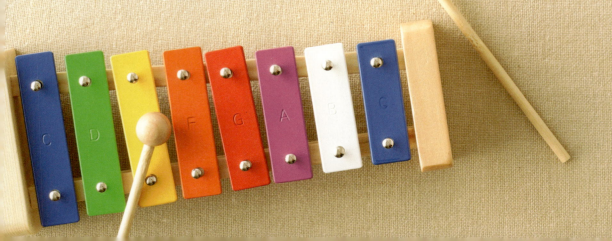

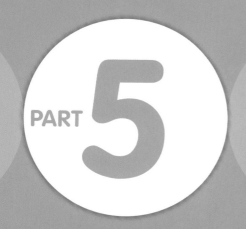

PART 5

拒否＆反抗になすすべなし!?

男の子の
イヤイヤ期対策

イヤイヤ期ってこんな時期

1才半～2才ごろ

「自分は自分」に気づくからジブンで、にこだわります

手のかかる赤ちゃん期を終えてひと安心……と思ったころにやってくるのがイヤイヤ期です。特に男の子はパワフルで声が大きく、よく動くので大変です。

でも実はこの時期、子どもの心のある重要な部分が大きく育ちます。ある重要な部分とは？ それは自我です。

赤ちゃんは、自分と他人の区別がついていません。自分の顔を鏡で見ても、自分だとは思いません。でも1才半ごろから「ボクは、ボク。ママとは違う」ということを「発見」します。自我の目覚めです。

だから彼らは「ジブンで！」にこだわります。運動機能が高まるので、自分でできる！という達成感も（まれに）感じます。とはいえ、状況把握力はほぼゼロ。大人の「○×△だからダメよ」は理解できません。言語能力もまだ低いため、赤ちゃん時代と同じく、泣くことで応戦するしかありません。まさに大混乱期なのです。

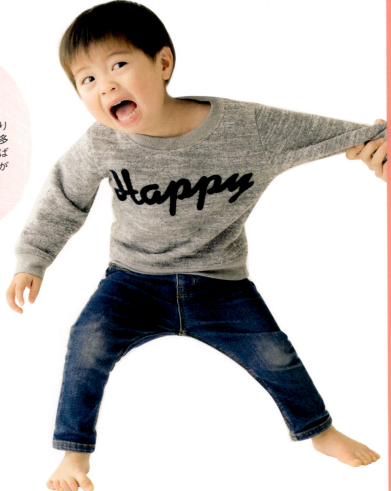

イヤイヤ族 File 1
ブンデ族

食べることも着替えも、自分でやりたい！ でもまだできないことが多くてジレンマ。親が手助けすれば「(ジ)ブンデ！」と、さらに気持ちが爆発！ イヤイヤ期の基本形です。

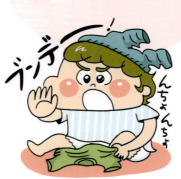

PART 5 イヤイヤ期対策

イヤイヤ期ってこんな時期

イヤイヤ族 File 3 / 全否定族
「ママと寝る？」「イヤッ！」、「パパと寝る？」「イヤッ！」、「ひとりで寝る？」「イヤッ！」、「じゃあもう寝ない？」「イヤッ！」。提案されたものはことごとくイヤなのがこのタイプ。

イヤイヤ族 File 2 / バイオレンス族
気持ちがうまく言葉にできない分、手や足で自己主張するタイプ。激しく暴れて抱っこすらできないことも。ひっかき防止に、せめて爪だけはこまめに切っておきたいものです。

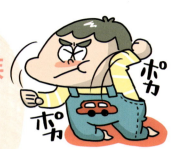

3才ごろ
親との愛着関係を土台に新しい世界に進む第一歩

3才になると言葉の数がグンと増え、ある程度大人と会話できるようになります。意思が通じやすくなるため、2才代の「なんでもイヤイヤ」は影をひそめます。一方で「これは絶対にイヤ！」という自己主張がより強くなることもあります。

それでも、「3才になったらずいぶんラクになった」と感じるママが多いようです。実はこの「ラクになった」は、親子関係の基礎工事が終了したサイン。専門用語でいうところの「愛着関係」の完成です。愛着関係とは、「この人は自分を大事にしてくれる」「何があっても守ってくれる」という揺るぎない信頼関係です。人は親子の愛着関係を土台にして他者とかかわっていくので、ここが不安定だと、人を信じたり受け入れたりするのがむずかしい大人になることがあります。3才までのこの時期は、子育ての中で最も大変な時期のひとつ。でも、「大変な時期」こそ、「大切な時期」なのです。

イヤイヤ族 File 4 / 逃亡者族
お店で、駅で、公園で。手を離したら最後、ハッと気づくともういない！「ここにいるのがイヤ」というよりも、好奇心のおもむくままに突進。いちばん目が離せないタイプです。

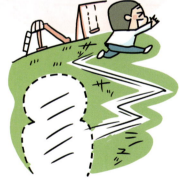

イヤイヤ族 File 5 / 乗車拒否族
ベビーカーやチャイルドシートにすわらせようものなら、体をのけぞらせて拒否。スムーズに乗れるようになったら、今度はシートベルトを自分でつけたいと大騒ぎする子も多いです。

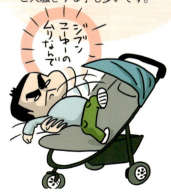

イヤイヤ族 File 6 / この世の終わり族
ひとたびイヤなことがあると、全身全霊で泣き叫びます。何も言わずに泣くだけの子もいれば、たくさんの言葉で訴えながら泣きじゃくる子も。親のほうは大音量に疲労困憊。

1才半〜3才ごろ イヤイヤ期困ること TOP10

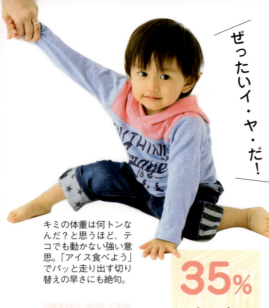

ぜったいイ・ヤ・だ！

キミの体重は何トンなんだ？と思うほど、テコでも動かない強い意思。「アイス食べよう」でパッと走り出す切り替えの早さにも絶句。

48% なんでも「自分で！」。時間がかかってイライラします

41% 「ダメ」と言うと泣きわめいておさまらない

35% 食事中にウロウロ歩き回る。行儀が悪くて困ります

32% 高いところから飛び降りる、走り出す。危なくて目が離せません

イヤイヤイヤイヤ〜！何もかもイヤ

「イヤ〜！」と手を振り払った直後に「抱っこ〜」ってどういうこと？ しかもかわいい顔で大粒の涙をポロポロこぼすなんて反則だ。

148

PART 5 イヤイヤ期対策

イヤイヤ期　困ることTOP10

力で抑えつけようとすると状況はますます悪化します

「下のトップテン、ほとんど当てはまります！」という人も多いことでしょう。

「親を困らせようとしているの？」「このまま育ったら、とんでもない大人になるんじゃないの？」と不安になるかもしれませんが、大丈夫。これらはすべて、発達の一過程です。

この時期の子どもは、激しい自己主張や感情表現をしながら、少しずつ自分と他人との距離感や、社会的に許される範囲はどこまでなのかを学んでいます。時期がくれば、つきものが落ちたようにおだやかになる子も多いもの。問答無用でやめさせたり、厳しく叱りつけたりすると、感情コントロールができずにむしろ悪化する可能性があります。うまくいなしながら、乗り切っていきましょう。

人のものはボクのもの！
ウギャーン！

友だちのおもちゃは使いたいけれど、自分のおもちゃは貸したくない。そう、キミはジャイアンです。

31%
偏食＆小食。ちゃんと栄養がとれているのか心配

26%
電車やスーパーなどで走る、騒ぐ

25%
どう叱ったらいいのかわからない。ビシッと言ったほうがいいの？

20%
なかなか寝てくれず、生活リズムが乱れがち

14%
お友だちのものを横どり、たたく、かみつく

7%
いきなり大声で奇声を上げる

イヤイヤ期はこう成長していく

始まりから卒業まで

	イヤイヤ前期 1才半	この時期が大変 2才
運動 体を動かす	**脳が劇的に発達。「自分」を発見する時期です** あんよと、おしゃべり。この2つを獲得する1才代は、脳が劇的に発達する時期です。「自分」という存在に気づき始め、親の言いなりに動くのを拒否することが増えてきます。第1次反抗期と呼ばれる時期の始まりです。言語能力も運動能力も未熟なので、したいことをやり遂げる力は備わっていません。親は後ろからそっとサポートを。 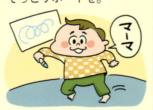	ボールを前にける 両足でピョンピョンとぶ 足を交互に出して階段を上る 鉄棒などにぶら下がる **ムダなジャンプも無意味な小走りも体が求めるもの** 大人にとっては迷惑な動きが多いこの時期。一見無意味に思える行動も、足や腕の筋肉や神経を発達させるために体が自動的にやっていることです。すこやかな発達のために、自由に動ける環境を整えましょう。
言葉 気持ちを伝える		2語文（「わんわん、きた」など）が出てくる 「きれい」「おいしい」など感想が言える 「手は？」と聞かれて手を指させる
生活 生きるテクニック		ひとりで食べることができる 手を洗ったりふいたりできる おしっこの予告ができるようになってくる **自分でやりたい気持ちをしつけに生かそう** 手指の動かし方、体の使い方が少しずつ器用になる時期。やりたい気持ちも強いので、「自分でできた」の達成感があれば、着替えや歯みがきなどの生活習慣の自立につながります。扱いやすい道具や環境を整えて。
社会性 ほかの人との関係	**同年代の子が少しずつ気になりトラブルも増加** 見知らぬ場所や人になじみにくく、ママべったりの子も多い時期。でも少しずつ同年代の子が気になって、ものの奪い合いが始まります。自分のものと他人のものの区別はつかないので、乱暴な行動は止めつつ見守って。	親から離れて遊べる子も出てくる 電話ごっこなどまねをして遊べる 「自分で！」など自己主張が激しくなる

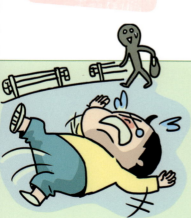

150

PART 5 イヤイヤ期対策

イヤイヤ期の始まりから卒業まで

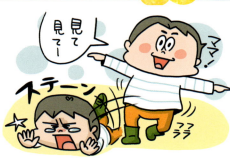

だんだんわかってくる 2才半

- 自分の名前が言える
- 大きい、小さいがわかる
- 赤、青、黄色などがわかる
- 男の子、女の子の区別がついてくる
- 靴をひとりではく
- 上着を脱ぐ
- うがいができる
- ケンカをすると言いつけにくる
- おままごとの役が演じられる
- 年下の子の世話をやきたくなる

知っている言葉の数がグンと増えておしゃべりじょうずに

この時期、ボキャブラリーは1000語ぐらいに急増します。色の名前や、「大きい、小さい」などの差異をあらわす言葉、「あとで」などの時制に関する言葉も使えるように。知的好奇心が高まり、「なんで？」攻撃も激しくなります。

そろそろイヤイヤ卒業 3才

- 立ったままでクルッと回る
- 少しだけなら片足立ちができる
- 見本を見ながらまっすぐの線や丸を描く
- 両足をそろえてとべる
- はさみを使って紙を切る
- 四角形が描ける
- 三輪車に乗れる
- 同じくらいの年の子と会話ができる
- 1個、2個、3個くらいまで理解できる
- 両親の名前が言える
- お風呂で体や顔をある程度自分で洗える
- 鼻がかめる子も
- はしが使えるようになってくる
- お友だちと遊ぶのが楽しくなる
- ○○していい？と許可を求める
- 順番を待つことができるようになってくる

ルールやきまりの意味を少しずつ理解します

3才は幼稚園に入園する年齢。つまり、集団活動がスタートできる年齢を意味します。最初は緊張しても、お友だちとのかかわりを楽しんだり、遊びや活動を通してルールやきまりの意味を理解したりするようになります。

「できる」が増え、ほめられると自信がつきます

ひとりでできることが増えますが、大人にサポートを求めたり、甘えたりすることも多い時期。「できた！」を増やすためにも、お手伝いをどんどんさせましょう。ママやパパの「ありがとう」の言葉が、自信につながります。

イヤイヤ期をどう乗り切る？

周囲の目を気にして子どもを叱るのはやめようよ。冷たい人からは逃げればいい

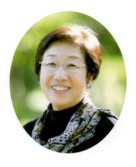

幼児教育者・保育者・絵本作家
柴田愛子先生

自主幼稚園「りんごの木」を主宰。子どもたちが日々つくりだすさまざまなドラマを、講演や執筆、絵本で広く伝える。『けんかのきもち』(ポプラ社)で第7回日本絵本大賞受賞。

イヤイヤ期の子どもは、まだ半分動物みたいなもの。にもかかわらず、親がいちばん「しつけしなくちゃ」と燃えるのが、この時期なんです。おもちゃを貸せるようにしようとか、公共の場でおとなしくさせようとか。

でもね、2〜3才の子にはまだ無理なんです。親が「貸して、でしょ？」「いいよ、でしょ？」と何度も何度も教えれば、「貸して」も「いいよ」も言えるようになります。でもそれは、記号として暗記しているにすぎません。

この時期の子どもは、とことん自己中心的です。おもちゃがほしければ相手をたたいてでも奪いとりますし、奪われそうになれば腕力をふるったり「うわぁぁぁ！」と泣き叫んだりする。体と泣き声でコミュニケーションをとる時期なのです。

これを目の前でやられる親は困りますね。「貸してあげなさい」と言いますか？　私は、親も困っていればいいと思います。「あなたもあなたも使いたいのね。でも1個しかないねぇ。困ったねぇ」と。親に共感してもらうだけで譲れることもありますし、疲れてあきらめるかもしれません。

そしてまた、貸してあげられるのがいい子だとは思わないでください。今は「貸したくない」「譲れない」という自分の気持ちと向き合うことがいちばん大事。自分の気持ちに気づけない子は、ほかの子の気持ちにも思いが向きません。自分の思いを大切にしてこそ、相手の気持ちも大切にできるのです。

本当の意味で人の気持ちに気づけるようになるのは、4才以降です。この時期もケンカや奪い合いをしますが、力で勝った子は大好きな友だちの悲しい顔を見て胸が痛むのです。その過程が大事なのに、それをすっ飛ばして大人にとって都合のいいふるまいばかり教えるのはやめましょう。

そうは言っても、子どものわがままも乱暴も、全部親のせいにされちゃう時代ですからね。「いい子」でないと肩身が狭いのはわかります。だから、イヤイヤ期のうちは逃げましょうよ。冷たい目を向ける人のいない場所で、親子だけで笑って過ごせばいい。イヤイヤ期は、案外すぐ過ぎるものです。

イヤイヤっ子とどうつき合う？

1　親の言うことを聞かせようとしなくていい

いばって命令する人に、人は従いません。子どもも同じ。安全性や周囲の環境に配慮しつつ、親が譲れる場面では譲り、譲れないときには「お願い」しましょう。

2　ダメなときにはキッパリNOを

本当にダメなときには「ダメです」でいい。泣いてもわめいても絶対NO。でもそれは、たまにだから効果があるのです。日常的には、右の1のスタンスで。

3　人に迷惑をかけることを恐れすぎない

親だけで引き受けられないときは、周囲の人にも助けてもらってもいいのでは？　ギャンギャン泣くなら、周囲の人があやしてくれるのを待つのもアリです。

PART 5 イヤイヤ期対策

イヤイヤ期をどう乗り切る?

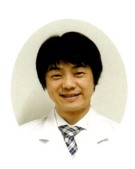

「なんでもイヤイヤ」なのは脳に組み込まれた成長のステップです

東京大学 薬学部教授
池谷裕二先生

脳研究者、薬学博士。脳の成長や老化について、神経科学や薬理学の観点から研究している。2人の幼い女の子のパパでもある。

親は子育てをするようにできているし、子どもは親の言うことを聞くようにはできていないもの――と聞いたら、驚かれるでしょうか?

イヤイヤ期が起こる理由を、人間という動物の本来の姿から考えてみましょう。人類が定住を始めたのは約1万年前。それ以前の200万年もの間、人類は狩りをしながら移動生活をしていました。狩猟中心の生活では、親は子育てのメインプレイヤーではありません。パパは獲物をとるために狩りに出ていて、ママは授乳期が終わったら、すぐに次の子を妊娠します。離乳した子どもたちは、きょうだいや祖父母に世話をされて育ちました。早々に親離れさせることで、次の子どもを産む環境をつくってきたのです。

授乳期はママとべったりだった赤ちゃんも、離乳したらもう親にニコニコばかりしていません。世話をしない親よりも、子ども同士のコミュニティのほうが大切なのですから。そのあらわれがイヤイヤ期なのだと考えられます。つまり、イヤイヤ期は子孫繁栄のために脳にインプットされているもの。いたって自然な姿なのです。

一方で、子どもの脳は「年上の子どもの言うことは聞く」ようにできています。親が本気で言うことを聞かせたいなら、子どもになりきって遊び、「いっしょにいる仲間なんだよ」と示すことが必要です。イヤイヤ全開の子どもの心を開く突破口をつくるのは、親が笑顔になることなのです。

絵本やごっこ遊びで、いろいろな人の視点に立つ体験をさせてあげるのもおすすめです。たとえば絵本の読み聞かせのときに、「この子は今どんな気持ちだと思う?」と聞いてみたり、ごっこ遊びでパパ役、ママ役、お友だち役を交換して遊んだり。相手の立場に立って考えるうちに、理由なき「イヤ!」でパニックになることが少なくなるかもしれません。

そんなことを言っている私も、わが子にはオタオタすることばかり。イヤイヤ期って、本当に大変です。でもいつか必ず卒業します。ポジティブにこの時期を乗り切りましょう。

イヤイヤされたらこうします!

1 イヤイヤ号泣なら途中下車

保育園には毎朝、満員電車で通園しています。車内でイヤイヤが始まったら、観念して次の駅で途中下車。タイムロスを想定して早めに家を出ています。

2 手近なアイテムで気分転換

外出中、歩くのを拒否したら、道に落ちている葉っぱを拾ってひらひら回したり、ふわっと投げたり。親が真剣に遊ぶと、イヤイヤ気分が薄れるようです。

3 落ち着いてからイヤイヤの理由を振り返る

「さっきはどうしたの?」と聞いて、自分の心を振り返って言葉にするきっかけをつくります。論理的な思考力や忍耐力、協調性を育てるうえでも大事です。

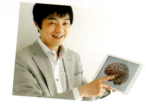

脳科学の視点で見ると、困った「イヤイヤ」は納得の行動なのです。

イヤイヤ期をどう乗り切る？

イヤイヤ期の親子バトルはできるかぎり避けるのが正解です。理不尽な時期は今だけだから

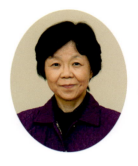

東京学芸大学教授
岩立京子先生

子どもの心の発達と幼児教育のスペシャリスト。1男1女の母。著書に『子どものしつけがわかる本』(主婦の友社)など。東京学芸大学附属幼稚園小金井園舎の前園長。

イヤイヤ期の行動はとても理不尽で、親は「わけがわからない！」と叫びたくなることも多いものです。でも、親子のバトルはできるだけ避けてください。「ダメなことをダメだと教えなくていいの？」と思うかもしれませんが、この時期の子どもの感情は激しく、親の言葉は届きにくいのです。「何度言っても聞かない」と思えば腹が立ちます。どなったり、手が出たりしてしまうかもしれません。でも、力で抑えつけるしつけは、成功しないものです。

しつけとは、親が一方的にするものではなく、子ども自身が納得してとり組んではじめて、その子の力になるものです。3才くらいになって言葉の理解が進み、人の気持ちを察する力がついてからのほうが有効です。

子どもが激しいカンシャクを起こしたら、これをたちどころにおさめる魔法はありません。親はほとほとイヤになりますが、「勝手に泣いていなさい！」とほうっておいては、感情のコントロールができるようになりません。「イヤだったね」「悲しかったね」と負の感情に共感し、言葉をかけながら背中をトントンしてあげることが必要なのです。

この時期の感情の爆発はとても激しい一方で、持続時間は短いもの。ひっくり返って泣きながらも周囲をうかがうそぶりを見せたら、「イヤだったよねぇ。じゃ、アイス食べようか？」などと、気分転換するのがいいでしょう。こうした過程で、心のマグマをおさめる方法を、自然に身につけていくのです。

子どもの集団では、泣いている子の背中をトントンする子がいる一方で、泣く子に逆ギレする子もいますが、周囲の人からやり方を学んでいることが多いのです。他者の悲しみを理解するには、まず自分の悲しみを分かち合ってもらう経験が必要なのだと、つくづく思います。

親は苦しいかもしれませんが、子どもは成長し、今は届かない言葉がすんなり届くときが必ずきます。ただ、そのころになると気づかいを覚え、素の自分を見せなくなります。「むき出しの自分」の輝きは、今しか見られない期間限定のもの。どうぞこの時期を堪能してください。

親子バトルはこう回避

1 大人の知恵で先手を打つ

静かにしてほしい場所には絵本などを持参。おやつは大きな袋は隠して、食べる分だけを出す。「イヤ」と言われる前に「イヤだよね」と言う。先手必勝です。

2 子どもの気持ちにできるだけ寄り添う

やりたいことは、可能なかぎりやらせてあげて。「1回だけね。みんながまんしているんだよ」と言いながらこっそりやらせることがあっても、私はいいと思います。

3 上手に子どもの気をそらす

子どもの気持ちに添えない場面では、気をそらすことも大事なテクニック。「あ、ワンワン」「おやつにしよう」でコロッと気分転換できるなら、それでOK。

PART 5 イヤイヤ期対策

イヤイヤ期をどう乗り切る？

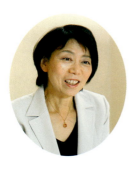

ままならないものを受け入れながら「保護者」から「親」へと成長していくのだと思います

NPO法人ハートフルコミュニケーション代表理事
菅原裕子先生

人材開発コンサルティングの育成法を応用し、子どもが自分らしく生きることを応援する「ハートフルコミュニケーション」を開発。子育てコーチングの第一人者として活躍中。

生まれたばかりの赤ちゃんは、大人の手助けなしには生きることもままなりません。この時期、ママやパパは文字どおりの保護者です。

首がすわる、はいはいで動ける、ひとりで立つ。「できない人」が、今日は「○○ができる人」になり、明日は「○○と△△ができる人」になる。ママやパパは全面的な保護者ではなく、必要に応じてサポートする存在になっていきます。これが親の役割だと、私は考えます。

子どもが「自分でやる！」と主張し始めるイヤイヤ期は、「保護者」から「親」に大きくシフトする時期でもあります。子どもの人生をまるごと保護するのはある種の快感でもありますが、成長に伴い、少しずつ手を離せるようになりたいもの。子どもができないことを見きわめ、知恵を絞ってサポートしてください。電車の中でじっとしていられない子なら、好きな絵本を持参して予防する、周囲に「ご迷惑をおかけします」とあやまっておおらかに受け止めてもらえる環境を整える、「見てごらん、みんな静かにしているよ」と言って子ども自身に気づかせるなど、さまざまな方法があります。

サポートとは、「ああしなさい」「こうしなさい」と指示することではなく、自分で考えて行動できる道筋をつけることです。それには根気がいりますし、周囲に理解されずに肩身の狭い思いをすることもあるでしょう。でも、「何もできない人」を「まっとうな大人」にするのが子育てだとすれば、その道のりははるかに遠いもの。常に正しく、きちんと、後ろ指をさされずにゴールするのはむずかしいと覚悟を決めましょう。家族や友人知人、地域の保健師など、手を貸してくれる人、助けてくれる人をたくさん見つけてください。

ままならないことを受け入れるのは、「親」になるための修業です。自分の器の小ささに情けなくなることもありますが、親が子どもをいとおしく思い、ハッピーな気持ちで日々を過ごしていれば大丈夫。子どもはきっと、人を信じること、愛することのすばらしさを学ぶでしょう。

イライラをちょっぴりラクにするには

1 がまんしないで子どもとケンカ
親と暮らせない子の生活の場である養護施設では、先生と子どもがやり合う場面がよく見られます。大切なのはケンカのあと、引きずらずに仲直りできること。

2 「助けてほしい！」と口に出そう
「自分はダメな親だ」とつらい気持ちになるときは、人に助けを求めて。家族や友人だけでなく、地域の子育てサークルなどにも積極的に出かけてみよう。

3 急がば回れ、であとがラク
時間はかかりますが、子どもに試行錯誤させないとあとあと大変。思春期に大荒れの嵐が吹き荒れることも。状況が許すかぎり子どもの「やりたい」を見守って。

どうすればいいの？
「いけないこと」の伝え方

頭ごなしに叱るよりほめるほうが効果的

きちんとしつけないと将来とんでもない大人になるのでは？ そんなふうに心配する親は少なくありませんが、社会のルールが理解できるようになってくるのは3〜4才から。ちょうど、幼稚園や保育園で集団活動が始まるころです。それまでは、しつけの土台である心の根っこを育てることを優先しましょう。

心の根っことは、親子の愛着関係でつくられるものです。空腹なときには抱っこしてもらい、不安なときには抱っこしてもらい、いかにかわりが栄養となり、心の根っこが育ちます。3才ごろまでのイヤイヤ期は、この段階です。惜しみなく愛情を注がれ、愛されているという実感がなくては、その後のしつけが成り立ちません。

でも、してはいけないことをやりたがることもありますね。その場合は「ダメ」と伝えましょう。電車の中で騒いだら「シー だよ」と言って、親も静かにしています。静かに過ごせたら「立派だったね」と、たくさんほめてあげましょう。

しつけというと叱ることだと思われがちですが、実はほめることのほうが効果的な場合が多いのです。なぜなら、ほめられることで「何をすればいいのか」がわかるから。できないことに対して叱ったりどなったりするのではなく、できたことを見つけてほめる。これが「ダメなものはダメ」を伝える近道です。

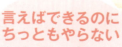

3才ごろまでのこの時期　期待しすぎはストレスのもと

何度注意しても同じことをくり返す
1回の注意でやめる子もいますが、それは「いい子」だからではなく、その行為にあまり関心がなかった可能性が。何度言ってもやるのは、「まだやめる時期ではない」ということ。親をバカにしているわけではありません。

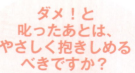

ダメ！と叱ったあとは、やさしく抱きしめるべきですか？
しょんぼりした様子を見て思わず抱きしめることはあるかもしれませんが、「叱ったあとは抱きしめる」などとマニュアル的にとらえないで。クドクドと言い続けたりせず、ふだんどおりの態度でいればいいのです。

言えばできるのにちっともやらない
できるというのは、「そのときたまたまやりたかった」「気まぐれにできた」ということが多いもの。片づけなどのハードルが高い作業の場合は、楽しくないとできません。自主的にやるのは3才でもむずかしいものです。

PART 5 イヤイヤ期対策

「いけないこと」の伝え方

「ダメ」を伝えるべきなのはこの3つ

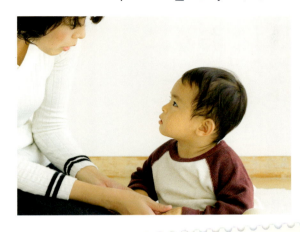

✕ 1 危険なことをしたとき

何が危険かわかっていない場合、そのつど「ダメ」を教えます。道路では大人と手をつなぐ、熱いものにはさわらない、はさみを振り回さない、おはしを持ってウロウロしないなど、その場で伝えましょう。高いところに登ろうとするなど自分の力を試したい行動は、むやみに制止せず、助けられる態勢を整えながら見守ることも必要です。

✕ 2 人を傷つけることをしたとき

心を傷つけるのも、体を傷つけるのも「絶対にダメ」と教えなくてはいけません。「おまえなんか死ね」と言ったり、人の顔に砂を投げつけたりするような行為は必ずやめさせ、叱ります。この時期は手が出たり、かみついたりすることもあるので、そばで見守り、やりそうになったら「ダメ」と抱き止めて「お口で言おうね」と伝えて。

✕ 3 人に迷惑をかけたとき

「人の多い場所で、むやみに走ってはいけない」「お金を払う前の食品を食べてはいけない」「病院で大声を出さない」など、社会の基本的なルールは、そのつど教えたいもの。守れない場合には「やっちゃダメ！」ときっぱり言って止め、場合によってはその場を立ち去ることも必要です。3才前後になったらしっかり教えましょう。

「ダメ」＝どなることではありません

その場で、すぐに、注意する
即座に「ダメ」と注意します。ついさっきのことも忘れてしまうのが2～3才児。時間がたってから注意しても伝わりません。

確実にやめさせる
遠くから声をかけて注意したつもりにならないで、目を合わせて確実にやめさせます。場合によっては、体を押さえてでも。

短い言葉できっぱり伝える
「なんでアナタは……」とクドクド叱ったり、「かくかくしかじかで」と説明したりは不要。ダメなものは「ダメ」で十分です。

こんなときどうする？ イヤイヤっ子 対処のルール

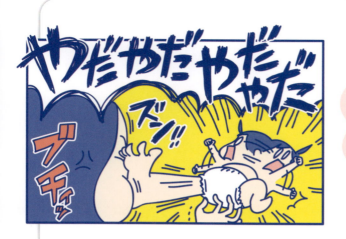

思いどおりにならないとカンシャクを起こす

選択肢の中から選ばせ「それはステキね！」

カンシャクくんの親は、予防線を張っておくことが必要です。完全に子どもまかせにするのでも、抑えつけるのでもなく、親がある程度決めた中から「どれにしようか？」と決めさせましょう。子どもが選んだら、「ママもこれがいいと思っていたよ！」と言えば満足します。

もしもカンシャクが始まったら、気持ちを代弁してあげることが大事です。「やりたかったよね」「イヤだったね」と言ってあげると、子どもは100回言おうと思ったその言葉をのみ込むことができ、ごちゃごちゃになった気持ちが整理されるのです。そして少しずつですが、親の言ってくれた言葉をまねながら、自分の思いを伝えられるようになってきます。

Q ガツンと叱らないでわがままになりませんか？

ガツンと叱るべき場面を限定したほうが効果的
ガツンと叱るのはp.157の3つに対してだけで十分。いつも叱ってばかりだと、子どもは親に愛されている実感がほしくて困った行動（カンシャクやわがまま）を重ねる傾向があります。わがままを受け入れ、笑顔でかかわる時間を増やすほうが、結果的によい行動が増えるのです。

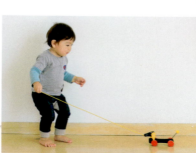

158

PART 5 イヤイヤ期対策

イヤイヤっ子 対処のルール

やんちゃすぎて危ない

やる前にストップ。やったらきっぱりダメ！

2才前後の男の子は、無茶な行動や無意味な動きの連続です。油断すると、命にかかわるようなケガをするかもしれません。駐車場で走るなど非常に危険なことは、やる前に「ここで走るのはダメ」と言い聞かせましょう。もしやったら、はがいじめにしてでも止め、「絶対にダメ」と伝えます。

ただし、高いところに登ったときに「危ない！」などと騒いではいけません。集中力が切れて、かえってケガをしやすくなります。抱きかかえておろすか、いつでも助けられるようにしながら自分でおりてくるのを冷静に見守りましょう。

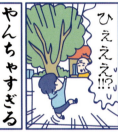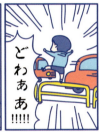

Q 危険なとき、つい パチンとたたいてしまう。しかたないのでは？

体罰は全面的に禁止。必ずエスカレートします
最初のうちは、軽くたたいただけで言うことを聞くかもしれません。でも、痛みにはしだいに慣れますから、必然的に親はもっと強くたたくことになります。たたかれた子も「問題の解決に暴力は有効」と学び、友だちをたたくかもしれません。手が出そうなときこそギュッと抱きしめて！

公共の場で騒ぐ

気分転換グッズは必携！社会のルールも教え始めて

2～3才の子の自制心は長続きしません。公共の場では、気分転換のおもちゃや絵本が必須です。社会のルールも教えたいものですが、電車に長時間乗るなどは子どもが望んだことではなく、大人の都合です。親は「ちゃんとしなさい！」ではなく、「電車では大きな声を出さないでくれる？」と「お願い」しましょう。やってくれたら「ありがとう」です。

ただし、こうした「お願い」は、それまで家庭内にルールがなく、好き放題にやらせているとうまくいきません。ふだんから誰かを思いやって自制する体験を少しずつ積ませましょう。

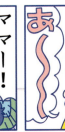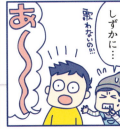

Q 周囲の目が気になり必要以上に叱ってしまいます

公共の場ではまず、周囲にあやまりましょう
「ちゃんとしつけてます」アピールのために叱るのは避けたいですね。叱る基準は常に同じであることが大切です。公共の場でカンシャクを起こしたときは、「すみません、イヤイヤまっさかりの時期で」とまずは周囲にあやまり、そのうえで子どもの気持ちをおさめる工夫を。

「自分でやりたい！」気持ちににこたえる

ブレーキをかけるより まずはアクセルをふもう

「自分でやりたい！」。その強い思いほど、すばらしいものはありません。最近、大人の顔色を見て動く「いい子」が増えていますが、20才になっても「ママの言うとおりにする」でいいですか？ そのときになって困っても、「ボクの『自分で！』をつぶしたのはママだよね」と言われるかもしれません。

イヤイヤ期は、「自分で」を支える時期だと覚悟を決めましょう。車を発進させるにはまずアクセルをふむように、この時期は自己主張というアクセルをふんで「自分」を発進させる必要があるのです。

もちろん大前提として、「これだけはダメ」という行為は絶対に止めます。たとえば、友だちに砂をかける、自分から車にぶつかっていく、などです。

一方で「できないのにやりたがる」やる

気になって困っても、感情にブレーキをかける方法は、ゆっくり時間をかけて教えていきましょう。

と言ったくせに、やらない」などには、寛容な気持ちで接しましょう。根本的に正そうとか、理屈を説いてきかせようとするのは時間のムダです。トラブル場面は、左ページにもあるように、さまざまな方法で乗り切ってください。子どもの反応を見ながら、「この方法がきくかも」「こう言うとますます怒るんだ」と対応を変えていきましょう。それは決して甘やかしでも、わがままを認めることでもありません。子どもの自信を育てるための、家庭でしかできないサポートなのです。

自分ではく！

靴下が丸まったままだよ。つま先とかかとも反対だね。ああ、もう時間がないんだけどな。

手伝わないで！

自転車に乗ろうとする意欲はすばらしい。でもほとんど前に進んでないよ。あ、倒れそう！

ひとりで食べる！

ポロポロこぼして、テーブルも床もドロドロだよ。おはしも使いたい？かんべんして〜！

PART 5　イヤイヤ期対策

「自分でやりたい！」気持ちにこたえる

できないくせにやりたがる
困ったくんにはこんな方法で

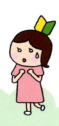

失敗させる
あえて親が手を出さずに失敗させることも必要です。子どもは「できないけど、やりたい。どうしよう」と考えるようになります。がんばったことはほめて、次の挑戦を。

予告する
タイムリミットがあるときは、15分前に「もうすぐおしまい」と伝え、その後は数分おきに「もう終わりだよ」と3回ほど予告。制限時間の5分前には「おしまいだよ」と撤収します。

根気よくつき合う
ときには本人が納得するまでつき合って。「もう1回」がしつこい場合は、「あと3回ね」と予告して終わりに。「必ずつき合わなくちゃ」と思わず、気持ちに余裕があるときに。

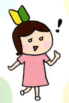

仕上げをやらせる
さりげなくヘルプを。たとえばボタンはママがボタン穴を広げて後ろから差し込み、子どもに引っぱらせます。1割しか自分でできなくても「できたね！」とほめてあげて。

親があやまってしまう
人前でカンシャクを起こしたとき、どなってやめさせようとしないこと。親の怒りは周囲にとっても迷惑。まずは「ご迷惑をおかけします」とあやまり、子どもへの対応はそのあとで。

事情を話す
共感する力がついてくるので、「ここは人が多いから、公園でやろう」などと代案を示すと納得することも。本当に困ったら「あ、おなかが痛い。早く帰りたい！」と女優になって。

体で止める
危険なこと、人に迷惑をかけることは、その瞬間に体を張って止めましょう。あれこれ理由を説明するより、「絶対にダメ！」と短くきっぱり言うほうが伝わります。

いっしょに練習する
「やりたい！」をぶっつけ本番でやらせると混乱のもとなので、ママに気持ちの余裕があるときにいっしょに練習タイムを持ちましょう。スパルタではなく、楽しい雰囲気で。

かかえて帰る
混雑する駅の改札で「自分でカードをタッチする！」と言われても、やらせるわけにはいきません。気持ちを抑えられないときには、泣き叫ぶ子どもをかかえて帰るのもやむなし。

イヤイヤ期 BOYS うちはこうしています

あらゆる場面で勃発するイヤイヤトラブル。瞬時に対応を迫られますが、とっさのことで頭が真っ白になることも。多様なテクニックを知って、行動の選択肢を増やしましょう。

抱っこを強要する

質問をしながら時間稼ぎします
家事などですぐ抱っこできないときは「抱っこでどこに行く？」など質問しながら家事を終え、そのあとで抱っこ。（2才5カ月）

抱っこできない理由を話す
「ママ、手がベタベタで、今抱っこしたら○○くんがよごれちゃうから」など、できない理由をこまかく話します。（2才）

外に出たくて大泣き

雨でもコートを着て外へ！
一日中家にいると不機嫌で大泣きに。雨でも外に出れば落ち着くので、短時間外に出るほうが結果的にラク。（3才1カ月）

大声を出して気をそらす
「あっ!!」「何か聞こえる。ワンワンかな？」などと言いながら窓を開けると、泣いていたことを忘れてしまう。（1才9カ月）

好ききらいが激しすぎる

少し期間をおいてまた食卓に出す
以前はパクパク食べていたものも、飽きてしまったのか食べなくなることが。忘れたころに出すとまた食べます。（2才6カ月）

少し強引に口に入れちゃう
食わずぎらいなので、口の中に入れてしまうと"意外とおいしいかも"という感じで食べることが多いです。（2才3カ月）

道路に飛び出す

線からはずれるとこわいことが……
道路にラインがあれば、「はずれるとワニが来る！」とたどって歩かせます。途中で線が消えたら抱っこでワープ。（2才9カ月）

ハーネス装着でギリギリセーフ
すばしっこく、突然だと追いつけないことがあるので、危険な場所ではハーネス必須。何度も危機を逃れました。（2才6カ月）

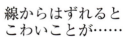
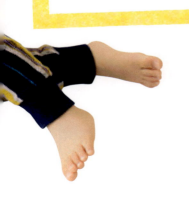
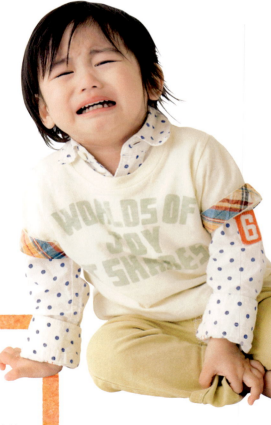

PART 5 イヤイヤ期対策

イヤイヤ期うちはこうしています

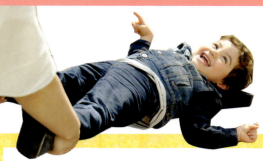

なかなか前に進まない

"10"まで歩いてみよう！
少し数を数えられるので、「10まで歩いたら抱っこ」と言うと、数えるのに必死で、数分歩き続けてくれます。（3才）

汽車ぽっぽごっこで歩く
コートのすそを持たせて、「出発進行～！」と言うと歩きます。たまに汽車という設定を忘れて怒られますが。（2才1カ月）

洋服を着替えたがらない

「カッコイイ♡」とほめまくる
大好きなヒーローのTシャツを出して「〇〇になろう」と言うと、やる気満々に。着替えたら、すぐにポーズ！（2才8カ月）

ママと競争でやる気満々に
遊んでいて着替えさせないときは「ママとどっちが速いかな」と競争。私が着替えさせるので、必ず息子の勝ち。（1才10カ月）

電車の中で騒ぐ

外の景色を見せる
靴を脱がせてorドア近くに立たせて外を見せると夢中に。大声を出したりするので、極力すいている車両で。（3才1カ月）

抱っこをして手遊び
"ずいずいずっころばし"を保育園で覚えて以来ハマっているので、抱っこをして、小さい声でやっています。（2才8カ月）

自分で靴をはきたい！

自分ではけるタイプの靴を選ぶ
はき口が広く、面ファスナーで着脱もしやすい靴を選ぶと、2才児でも自分でできるので助かります。（2才9カ月）

片方をはいている間にもう片方を
息子は鼻息荒く必死に靴をはくので、片方を私がはかせても気づかず「自分でできた！」と満足げです。（2才3カ月）

大の字になって号泣

とりあえずその場から退散
自分でも何がなんだかわからなくなっている状況なので、違う場所に移動。車や動物などで気分転換させます。（1才10カ月）

無理やりにでも寝かしつける
道で泣き叫ぶようなときは、眠くてしかたがないときが多い。イヤがっても抱っこひもに入れて、寝かしつけ。（2才3カ月）

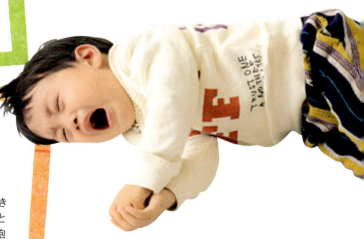

思春期前の反抗期

イヤイヤ期のあとに待っている

手さぐりで「自分」を探すいじらしい時期です

イヤイヤ期の次に来るのは思春期の「第2次反抗期」ですが、実はその前にじわじわと、プレ反抗期のような様子が見られるようになります。それが小学1〜4年生のころ。まだ親からは離れられないけれど、「自分は自分」「親の言いなりにはならない」という感覚を味わいたい、思春期の「助走期間」です。

この時期の反抗は、理屈の通らないものであることが多いものです。「イヤだ！」と泣きわめいて部屋から出てこないとか、「習いごとに行かない！」とゴネたくせに時間になったら「行きたかった」と泣いたり。説得も交渉も通じないのが特徴です。「親を困らせるためにやっているのでは？」と思うような態度なのですが、本人にも理由はわからないのです。ただ、必死に親とは違う自分を手さぐりで感じようとしているのです。「いじらしいな」と受け止めてあげてください。

「反抗」は自立への助走期間

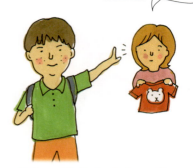

親とは違う自分をつくる
思春期は自立に向けて「親とは違う自分」をつくり出す時期。そのために、親とは距離をあけるようになってきます。反抗的な態度が見えたら、かかわり方を変えるタイミング。

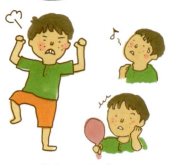

思春期の入り口
思春期のピークは中2くらいですが、変化は小学生のころから。身体的な変化だけでなく、別の価値観が内面に生まれることで「これまでの自分のつくり直し」が始まります。

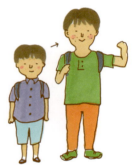

分岐点は小学3〜4年生
一般的に男の子のほうが力も強く、怒りが爆発的に出やすいため、暴力的になりがちです。激しい怒りに巻き込まれて親も暴力的に対応すると、逆効果になりやすい。

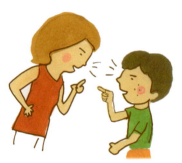

男の子は攻撃的に
反抗的な態度は小学生になるとすぐに見え始めますが、3〜4年生ごろまでの反抗にあまり大きな意味はありません。本格的な自分づくりは、それ以降にスタートします。

PART 5 イヤヤ期対策

思春期前の反抗期

「甘やかしちゃいかん！」が思春期で失敗する落とし穴に

反抗的な態度は親を信頼している証し

こんなに反抗的で、うちの子大丈夫？と心配になる人もいるでしょう。でも、学校ではどうですか？友だちに対しては？外では「いい子」ができているなら大丈夫。親に反抗するのは「自分がどんな態度をとっても、親の愛情は揺らがない」という信頼があるからです。

とはいえ腹は立ちます。もともと親には、子どもを自分の支配下に置きたいという強い欲求があるのですが、子どもの反抗はそこを刺激するので必要以上に腹が立ってしまうのです。

しかし、ここでひどく厳しい態度をとり、無理やり屈服させ続けるのはあまりよい結果を生みません。小学生のうちはそれが通用しても、中学生や高校生、あるいはもっと先になってから、心にたまったウミがあふれ出すように反抗が始まります。親への不信感がつのっていますから、激しい暴力や不良化、家出や引きこもりといった望ましくない形であらわれることも珍しくありません。

反抗の激しさは親の激しさとに比例する

さらにこの段階でも親子関係が改善しなければ、犯罪や自殺など、親への復讐のために自分の人生をダメにしてしまうことがあります。「おまえの子育ては間違っていたのだ」と、自分の人生をもって示そうとする子もいるのです。

だからこそ、思春期の前段階に小さな反抗が出たときが最初の勝負どころです。「そういうことをするのはやめてほしい」と伝えることは大切ですが、余裕を持ったあたたかい気持ちで接しているか、威圧的に「親の言うことを聞け！」という態度をとるかで、その後の反抗の姿は大きく違ってきます。

どんなにカッとなりやすい子でも、親がじょうずに受け流せば反抗はさほど激しくなりませんが、親が威圧的になると激しくなる傾向があります。反抗の激しさは、親の厳しさに比例するのです。

男の子の場合は、攻撃的になることも。親、特にお母さんはその激しさに巻き込まれて、冷静さを失うことがあります。つかみ合い殴り合い、体にも心にも傷を負い、わが子に憎しみに近い感情を抱いてしまう人もいます。まず、親が冷静になりましょう。

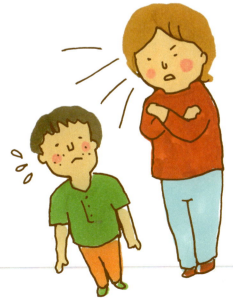

ムカッとしたら

自分の怒りの感情に気づく
腹が立つのは当然のこと。心の内側に怒りがわいてきたら「自分は今、怒っている」と気づいてください。これが冷静になる第一歩。

深呼吸をして余裕をとり戻す
「私は冷静ではない。落ち着こう」と自分に言い聞かせ、深呼吸したり、数を1から10まで数えたりして、心の平静さをとり戻しましょう。

子どもと同じ次元でやり合わない
言い合いになったら、先に引くのは親です。「自分は親だ、子どもと同じ次元で言い合ってはいけない」と自分に言い聞かせましょう。

子どものペースをくずす
「何言ってるの!?」という激情の応酬ではなく、おだやかさで応じます。「あなたならできる」と、自尊感情を満たすような伝え方を。

子どもを屈服させようとしない

「ごめんなさい。ボクが悪かった」という結果を求めて叱っていると、子どもは「親につぶされる」と感じ、自分を表に出さなくなります。叱ったとしても最後には子どもを認め、尊重する姿勢を見せてあげてください。

反抗児とのコミュニケーション術

「○○しなさい」というと必ず「やだ！」

命令形は使わない。やってくれたら感謝

「○○しなさい」という言い方は問題です。命令口調や力ずくで言うことを聞かせられるのは、幼児期までです。

子どもに言うときには「片づけなさい」ではなく、「○○しているみたいだけれど、それ片づけられる？」など、イエスかノーで返事ができるような聞き方をしましょう。「無理」と言われたら、それに対して「やだ」と言われたら、「そうか。困ったなぁ」でいったんこの話はおいておきます。

あとで自分からやったりするのです。子どもが片づけたら「ありがとう」を忘れずに。もしやっていなかったら、機嫌のいいときを見計らって「片づけられるかな？」をくり返します。反抗児には根気よく接しましょう。

デブ、ブタなど、親を口汚くののしる

「はい！ブーちゃんです」と軽やかにいなす余裕を

こういう言葉をよその人にも言うなら問題ですが、親にしか言わないのであれば、単に汚い言葉を使いたいだけの話です。ムキになるのではなく、ユーモアで返しましょう。「はい、私が肉まんのブーちゃんです。これからはそうお呼びくださいね」と切り返し、「ママ」と呼ばれても「あれ、ブーちゃんよ」と答えるなど、軽やかに、じょうずにいなしましょう。

ただし、もしもおじいちゃんに「クソじじい」などと言うようなら、「私のお父さんに失礼なことを言わないで」ときっぱり言いましょう。「あなたのおじいちゃん」ではなく「私の父」を強調します。ここでインパクトを与えるには、日ごろガミガミ言わないことが大事です。

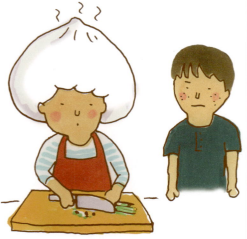

PART 5 イヤイヤ期対策

反抗児とのコミュニケーション術

注意すると「お母さんだって○○しない」など、痛いところをついてくる

事実は事実です
自分に言い訳しないで

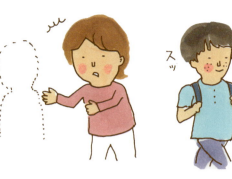

大人はつい、「大人には事情がある」などと、自分のことは棚に上げがちですが、子どもは事実を指摘しているだけ。そして、「かかわらないで」と親を拒否し始めています。

この時期、子どもは自立のための準備を始め、自律（自分の感情や欲求を律すること）を学び始めています。その見本になるのは親の行動です。口であれこれ言うよりも、行動で示すほうがよほど子どもに伝わります。言い訳せずに、親も自律していきましょう。

妹や弟に意地悪をする。叱るとダンマリ

きょうだいトラブルは
見守るだけにする

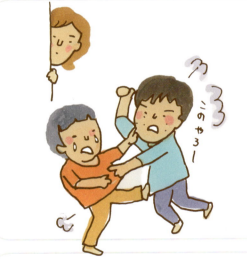

親は、きょうだい関係にあまり口をはさまないほうがいいでしょう。きょうだいは非常に距離が近いので、イライラをぶつけることがあるものです。ものであぐるなどの危険な行為がなければ、親は見て見ぬふりをしていましょう。もし弟が泣いてやってきたら、十分話を聞いて気持ちを受け止めてあげてください。でも、お兄ちゃんを呼びつけて叱る必要はありません。別の機会に、お兄ちゃんとのんびりおしゃべりする機会を持ってみて。イライラの原因がわかるかもしれません。

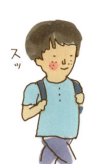

宿題やピアノの練習をズルズルあと回しにする

なぜやらないのでしょう？
その原因を探ってみて

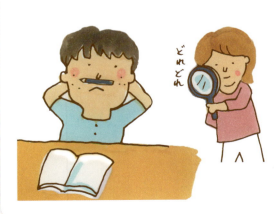

まず、少し観察しましょう。もともと自主的に勉強やピアノの練習をする子だったなら、必ず自分から「やらなくちゃ」と動き始めます。親がガミガミ言いすぎると逆効果になってしまうものです。もし、自主的にやり始めないとしたら、ガミガミ言うだけではよけいに自主性を奪います。なぜ勉強するのか、なぜピアノを習うのか、親子で根本に立ち返って考えてみましょう。もしかしたら、ピアノよりスポーツを習いたいなど、気持ちの変化があるのかもしれません。

心をラクにする方法

子どもを預けてラクになっていい

保育園や自治体の一時預かり、実家の両親、ママ友だち、休日のパパなど、利用できるものはなんでも利用して、少しラクになりましょう。睡眠不足だとイライラがよけいつのるので、自由時間ができたらゆっくり昼寝をするのもおすすめ。

苦しいときには「助けて」と言おう

多くの親は「人に迷惑をかけたくない」と思っています。だから頼れない。でも、「もしも誰かに頼りにされたら？」と聞くと、みんな「うれしい」「助けたい」と答えます。そう、だったらまずは自分から「助けて」を言いましょう。

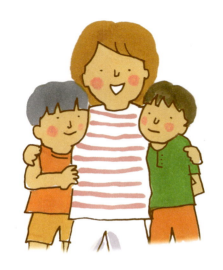

自分が爆発する状況でなるべくラクな対応を

「身支度が遅い」「食事に時間がかかる」など、自分が爆発しやすい状況が必ずあるもの。そのときの対応を変えます。たとえば「早くしなさい！」ではなく、「遅刻してもいいよ、ゆっくりがんばろう」と。フッと気持ちがラクになります。

人に話して心の突破口をつくる

いっぱいいっぱいになった心には、スペースをつくらなくちゃ。そのために有効なのは、人に話すことです。ため込んだ思いを言葉にすると、少し気持ちが軽くなります。表面的な会話ではなく、共感してもらえる相手を選んで。

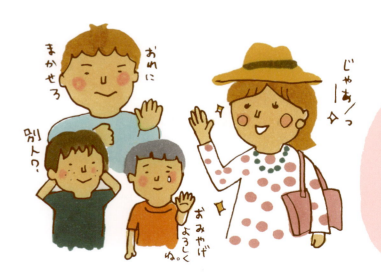

PART 5 イヤイヤ期対策

つらいときに心をラクにする方法

「正しさ」に振り回されない
育児情報はどれも「こうあるべき」と、正しさを主張しますが、その正しさが自分と子どもに当てはまるとは限りません。参考にしてもいいけれど、最後は「私はどう思うの？」と自分に問いかけて、基準を自分の心に戻しましょう。

ママ友は"共感点"の合う人と
ママ友は「子どもの年齢が同じ」「遊ぶ公園が同じ」など"共通点"で成り立っていますが、"共感点"が同じ友だちも必要です。同じ趣味がある、喜ぶところが似ている、夢を語り合える、そんな友だちがいると心が安定します。

子どもと自分の悪口は控えめに
ママ友のおしゃべりで、「うちの子○○ができなくて」「ここが心配」とわが子のダメ話をするのは逆効果。悪口は全部自分に返ってきて、話せば話すほど気持ちが暗くなっていきます。楽しかった、うれしかったことを口に出してみて！

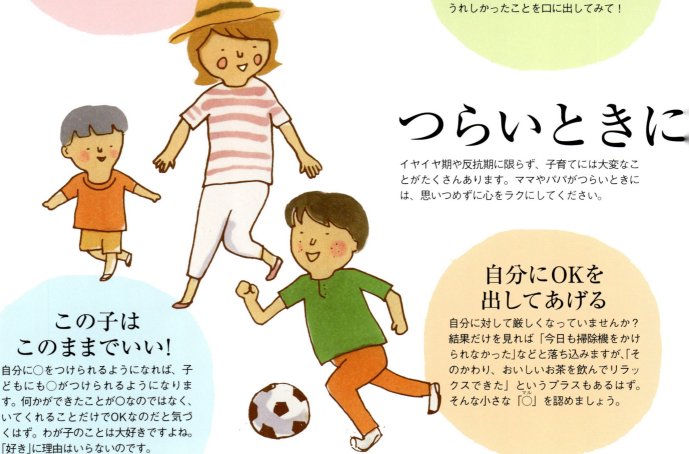

つらいときに
イヤイヤ期や反抗期に限らず、子育てには大変なことがたくさんあります。ママやパパがつらいときには、思いつめずに心をラクにしてください。

この子はこのままでいい！
自分に○をつけられるようになれば、子どもにも○がつけられるようになります。何かができたことが○なのではなく、いてくれることだけでOKなのだと気づくはず。わが子のことは大好きですよね。「好き」に理由はいらないのです。

自分にOKを出してあげる
自分に対して厳しくなっていませんか？結果だけを見れば「今日も掃除機をかけられなかった」などと落ち込みますが、「そのかわり、おいしいお茶を飲んでリラックスできた」というプラスもあるはず。そんな小さな「○」を認めましょう。

育て方コラム

男の子、育ててます！
ママ３人座談会

[Aさん：男4人(16才、12才、10才、5才)、女1人(14才) の母
Bさん：男1人(5才)、女1人(2才) の母
Cさん：男1人(20才)、女1人(17才) の母]

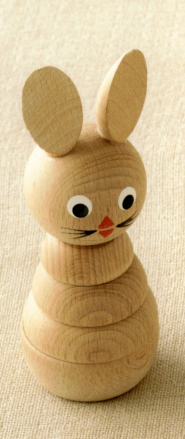

B 「男の子は大変そう」「わからない」などと言われますね。女の子は「やさしい」「ふわふわしてる」「将来いっしょに買い物ができる」「老後の面倒を見てもらえる」……。

C 私は確かに娘と買い物に行きますよ。財布がわりにちゃっかり使われるだけですけどね。

A 赤ちゃん時代を振り返ると、男女差はなかったかな。長男が２才のときに長女が生まれて「女の子はふわふわでやわらかい」と思いましたが、２才の子と赤ちゃんをくらべれば、女の子じゃなくてもそう感じますよね。

B 男の子は体が弱いという説は？

A 長男はしょっちゅう熱を出すし中耳炎をくり返すしで、「やっぱり男の子だから」と思っていました。でも、そのあとに生まれた４人はみんな丈夫で、弱かったのは長男だけ。

C 体質も性格も、その子の個性や環境によるものが大きいですよね。元気いっぱいの男の子はもちろんいるけれど、のんびりした男の子も、落ち着きのない女の子もいる。でも、「男の子は大変」のイメージが先行して、何かあると「男の子だから」と片づけちゃう。

A 夜泣きやイヤイヤの大変さは「男の子だから」じゃなくて「赤ちゃんだから」だったのかもしれませんよね。で、大きくなると、息子は何才になっても、生意気になっても、なんだかかわいい。

B わかります！ 女の子がやさしいとかいうけれど、女の子ってけっこうシビアですよね。

C 男の子のママ友はみんな、「男の子がいてよかったわ」と言いますね。頼りになるというわけじゃなくて（笑）、とにかくかわいい。男の子ママには、そういう楽しみが待っていますよ。

PART **6**

0〜6才

要注意の
事故と病気

事故&ケガの対処法

男の子は統計的に事故が多い

交通事故、窒息、溺水が死亡の3大原因

男の子は体が弱いといわれますが、さまざまな統計に「男の子は女の子よりも病気になりやすい」というデータは見当たりません。ところが、事故については別。こちらはあきらかに、男の子に多いことがわかっています。

下は、不慮の事故で死亡した人数をグラフ化したものです。どの年齢層でも男の子のほうが女の子より多く死亡していることがわかります。

事故原因で最も多いのは交通事故。特に1～9才は交通事故による死亡率が高くなっています。2番目が不慮の窒息。窒息による死亡のうち65％は0才がしめていることから、原因は誤飲が多いと考えられます。そして3つ目が不慮の溺死および溺水。海や川だけでなく、自宅の風呂場で溺れるケースが少なくありません。これに「転倒・転落」「火災」を加えたものが、事故原因ワースト5です。

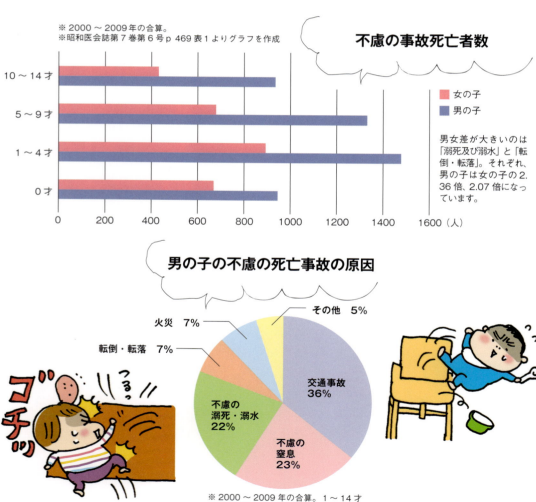

不慮の事故死亡者数

※2000～2009年の合算。
※昭和医会誌第7巻第6号 p469 表1よりグラフを作成

男女差が大きいのは「溺死及溺水」と「転倒・転落」。それぞれ、男の子は女の子の2.36倍、2.07倍になっています。

男の子の不慮の死亡事故の原因

- 交通事故 36%
- 不慮の窒息 23%
- 不慮の溺死・溺水 22%
- 転倒・転落 7%
- 火災 7%
- その他 5%

※2000～2009年の合算。1～14才
※参考／昭和医会誌第7巻第6号 p469 表2より

PART 6 事故と病気

事故＆ケガの対処法　転倒・転落

ケアマニュアル
転倒・転落

頭を打ったら48時間は様子を見て

転倒・転落で心配なのは、頭を打って脳障害が起こることと、骨折などの大きなケガを負うことです。外傷がなく元気に泣き、体を普通に動かせるようならひと安心です。ただ、微細な血管からじわじわ内出血して脳を圧迫することもあるので、転倒・転落したらその後48時間は注意深く様子を見てください。いつもと違う様子があったら、早めに受診しましょう。

Check & ケア

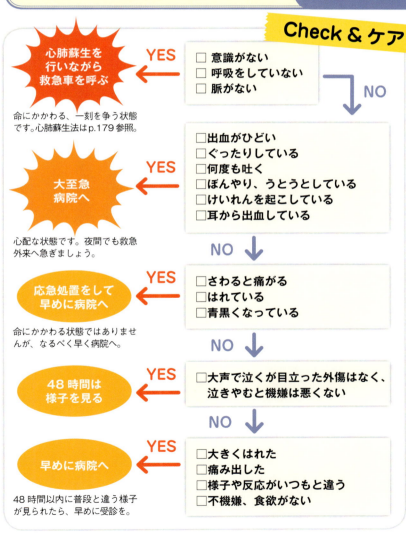

心肺蘇生を行いながら救急車を呼ぶ ← YES
- □ 意識がない
- □ 呼吸をしていない
- □ 脈がない

命にかかわる、一刻を争う状態です。心肺蘇生法はp.179参照。

↓ NO

大至急病院へ ← YES
- □ 出血がひどい
- □ ぐったりしている
- □ 何度も吐く
- □ ぼんやり、うとうとしている
- □ けいれんを起こしている
- □ 耳から出血している

心配な状態です。夜間でも救急外来へ急ぎましょう。

↓ NO

応急処置をして早めに病院へ ← YES
- □ さわると痛がる
- □ はれている
- □ 青黒くなっている

命にかかわる状態ではありませんが、なるべく早く病院へ。

↓ NO

48時間は様子を見る ← YES
- □ 大声で泣くが目立った外傷はなく、泣きやむと機嫌は悪くない

↓ NO

早めに病院へ ← YES
- □ 大きくはれた
- □ 痛み出した
- □ 様子や反応がいつもと違う
- □ 不機嫌、食欲がない

48時間以内に普段と違う様子が見られたら、早めに受診を。

頭から出血したら
患部に清潔なガーゼを当て、指や手のひらで5〜10分間圧迫を。血が止まるまで力をゆるめないで。出血が多いときは急いで病院へ。

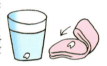

歯が折れたり欠けたりしたら
折れたり欠けたりした歯は、乾燥させないよう、ぬれタオルにくるむか牛乳に浸して歯科へ。早めに処置すればくっつく可能性が。

鼻血が出たら
頭をやや下向きにして抱っこし、10分ほど指で小鼻を圧迫します。止まらないときは鼻にティッシュを詰め、横向きに寝かせて。

棒状のものを口に入れて動かない
歯ブラシ、はし、スプーンなど、棒状のものを口に入れて歩き回るのは大変危険です。絶対にさせないで。

ベランダの柵近くにものを置かない
歩けるようになると、どこでもよじ登ります。転落予防のため、ベランダには、足場になるものを置かないこと。

ケアマニュアル

誤飲

飲んだものによって対処が違う

誤飲の対応は、何をどのくらい飲んだのか、体内で吸収されるか、吸収されたら害があるのか、などで対処が違います。体に吸収されない小さなおもちゃやアクセサリーなら、排泄されるのであわてなくても大丈夫。刺激の強いもの、毒性の強いものは急いで対処する必要があります。吐かせると気道を傷つけるなどかえってよくないものもあるので、左の図を参考に、正しく対処してください。

Check

1 何を飲んだのか

ちょっと目を離したら、様子がおかしい──呼吸困難などのあきらかな異変ではなくても、「何かおかしい」と感じたら、誤飲を疑って口の中を確認しましょう。口の中に見当たらなかったら、何かなくなっていないか、周囲の確認もしてみてください。

2 どのくらい飲んだのか

飲んだものだけでなく、飲んだ量によっても対応は違います。タバコの場合は2cm以上飲み込んだ、またはニコチンが溶け出した水を飲んだ場合、吐かせてから即病院へ連れていく必要が。一方で、少量なら様子を見てかまわないものもあります。

3 本当に飲んだのか

「何かおかしい」と感じたけれど、しばらく様子を観察しても子どもに変化がなく、ふだんどおりに機嫌よく過ごしているなら、誤飲ではない可能性も。なくなっていると思ったものが本当にそこにあったのかどうか、家中を探して再度確認を。

30分で食道がただれる!? ボタン電池に要注意

ボタン電池を飲み込むと、食道にペタリとはりつくことがあります。するととどまった場所で電気が流れ、粘膜がただれてしまいます。飲み込むとせきが出ますが、飲み込んだことに親が気づかなければ、受診してもX線写真を撮ることはなく、かぜと診断されることも。魚肉ソーセージにはさんだ実験では、10分未満で肉が焼け始めました。これが体の中で起こる可能性があるのです。古い電池をとり替えるときに、うっかり置き忘れたりしないように注意して。

薄く平らなボタン電池。誤飲すると大事に至る場合が。

人間の粘膜に近い魚肉ソーセージに電池をはさんでみると……。

1時間後
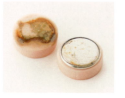

30分後
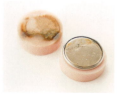

10分後
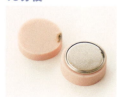

PART 6 事故と病気

事故&ケガの対処法 誤飲

> ⚠️ **ワーストワンはタバコ**
> タバコ1本のニコチン量は乳児2人の致死量に相当します。タバコや、吸い殻を入れた水を飲んだら、吐かせて大至急病院へ。

対処に困ったら中毒110番へ

中毒110番
（財）日本中毒情報センター
● 大阪中毒110番
☎ 072-727-2499
（24時間365日対応）
● つくば中毒110番
☎ 029-852-9999
（9〜21時365日対応）
● たばこ専用応答電話
☎ 072-726-9922
（24時間365日対応
※テープ方式）

※「中毒110番」は化学物質（タバコ、家庭用品など）、医薬品、動植物の毒などによって起こる急性の中毒について情報提供・相談を実施しています。異物（小石、ビー玉など）を飲み込んでしまったときや、食中毒、常用薬での医薬品の副作用については受け付けていません。

液体や小さな固形物を飲んだときのケア

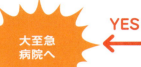

□ **エタノール主成分のもの**
香水、ヘアトニックなど
□ **揮発性の高いもの**
マニキュア、除光液、灯油、ガソリンなど
□ **強酸性、強アルカリ性のもの**
漂白剤、排水パイプ剤、カビ取り剤、トイレ風呂用洗剤など
□ **電気が流れるもの・とがったもの**
ボタン電池、くぎ、針、画びょう、ガラスなど
□ **毒性の強いもの**
医薬品、タバコ、ホウ酸だんご、防虫剤など

→ YES → **大至急病院へ**
刺激が強い、毒性が強いなどで、非常に危険です。大至急受診を。

（吐かせない）

□ **小さな固形物や石けん類**
ボタン、固形石けん、食器用洗剤、シャンプー、リンスなど
□ **化粧品**
化粧水、乳液、クリーム、ファンデーション、口紅など
□ **その他**
渦巻き状の蚊取り線香、紙類、酒類など

→ YES → **応急処置をして早めに病院へ**
一刻を争うものではありませんが、早めに受診しましょう。

（吐かせる）

□ **飲み込んでいない**
□ **口の中のものをとり出したらケロッとしている**

→ YES → **様子を見る**

のどにものが詰まったときのケア

□ **呼吸が苦しそう**
□ **突然、激しくせき込む**
□ **顔色が悪くなってきた**

→ YES → **意識がなくなる、呼吸が弱くなる** → YES → **心肺蘇生を行いながら救急車を呼ぶ**

命にかかわる、一刻を争う状態です。心肺蘇生法はp.179参照。

→ NO ↓

のどの異物を取り除く

異物がのどの奥にある
うつぶせにして指であごを支え頭をやや下げる。手のつけ根で肩甲骨の間を素早く5回たたきます。

0才代

1才以上

あごに手を添えてそらし、太ももで支えて体をななめに。手のつけ根で肩甲骨の間を素早く5回たたきます。

異物がのどの手前に見える
体を横向きにして口を開けさせ、人さし指をほおの内側に沿って差し入れて、異物をかき出します。

←·········直径4cm·········→

この大きさのものは飲み込む可能性あり
特に誤飲の多い0才代の赤ちゃんに注意。直径4cm以下のものは、飲み込む可能性があります。かなり大きいですね。

175

ケアマニュアル
水の事故

赤ちゃん時代は自宅風呂場に危険が

溺死というと海や川、プールでの事故と思いがちです。少し大きくなった子たちはアウトドアでの事故にも注意が必要ですが、0〜1才児は自宅風呂場での事故がほとんどです。赤ちゃんは、水深10cmでもおぼれることがあります。お風呂はもちろん、トイレ、洗濯機、ペットの水槽など、すべての場所が危険だと考えて。事故が起きた場合は、一刻も早い救命処置が必要です。

Check & ケア

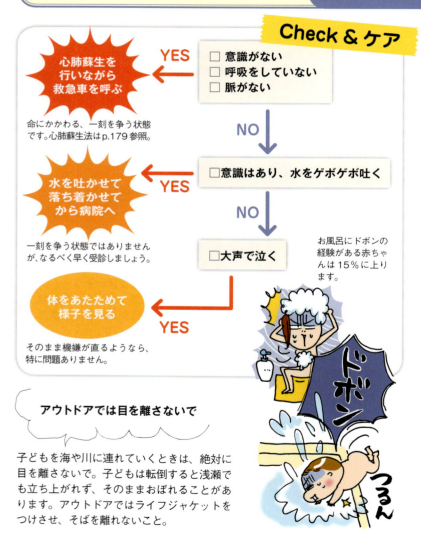

□ 意識がない
□ 呼吸をしていない
□ 脈がない

→ YES → **心肺蘇生を行いながら救急車を呼ぶ**
命にかかわる、一刻を争う状態です。心肺蘇生法はp.179参照。

↓ NO

□ 意識はあり、水をゲボゲボ吐く

→ YES → **水を吐かせて落ち着かせてから病院へ**
一刻を争う状態ではありませんが、なるべく早く受診しましょう。

↓ NO

□ 大声で泣く

→ YES → **体をあたためて様子を見る**
そのまま機嫌が直るようなら、特に問題ありません。

お風呂にドボンの経験がある赤ちゃんは15％に上ります。

💬 **アウトドアでは目を離さないで**

子どもを海や川に連れていくときは、絶対に目を離さないで。子どもは転倒すると浅瀬でも立ち上がれず、そのままおぼれることがあります。アウトドアではライフジャケットをつけさせ、そばを離れないこと。

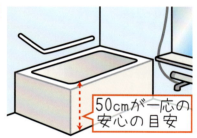

床から浴槽のふちまで50cm以上が一応安心の目安

床から浴槽のふちまでが50cmあると、転落の危険性がやや少なくなります。もちろん、だからといって安全とは言いきれませんが目安に。

小さい子どもは

10cmでもおぼれる
水が残ったビニールプールやお湯をくんだ洗面器なども、置きっぱなしは×です。

1分でもおぼれる
脱衣所にタオルをとりにいくだけの時間でもおぼれます。1分あれば事故は起こります。

静かにおぼれる
バタバタ暴れるとは限りません。沈んだ一瞬で驚いて静かになり、そのままおぼれることも。

PART 6 事故と病気

事故&ケガの対処法　水の事故　やけど

ケアマニュアル
やけど

電化製品の湯げにも注意して

生後5カ月までに多いのは、大人が抱っこしながら熱いものを飲食してこぼす「とばっちりやけど」。それ以降は、床やテーブルの上の熱いものをひっくり返す、かぶるなど。電気ケトル、キッチンの低い引き出し棚に置いた炊飯器など、器具によるやけども少なくありません。小さな子どもの皮膚は薄く、重症化しやすいので、やけどのファーストケアは入念に行いましょう。

Check & ケア

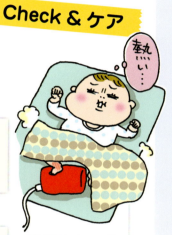

電気製品などによる低温やけどは、深く浸透して治りにくい。

□ 片腕全体にやけど
□ 片足全体にやけど
□ それ以上の広い範囲にやけど

YES → **ぬれたタオルなどで冷やしながら救急車を呼ぶ**
一刻も早く病院へ。衣服は脱がせず冷やし続けましょう。

NO ↓

□ 子どもの手のひらサイズのやけど
□ 面積は小さいが深いやけど（水ぶくれ、皮膚が白や黒に変色）
□ 低温やけど

YES → **流水で20分以上冷やしてから病院へ**
できるだけ冷やしてから病院へ。冷やす目安は20分以上。

NO ↓

□ 10円玉以下の面積で赤くなる程度

YES → **流水で冷やして様子を見る**
冷やす目安は20分以上。自己判断で油などを塗らないこと。

衣服の上から熱湯がかかった

脱がせているうちに、皮膚の深部に熱が達してしまうので、衣服の上から冷水を当てて至急病院へ。

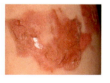

顔や頭のやけどは

冷たいシャワーで冷やします。目や耳など、水をかけにくい部分は冷たいタオルや保湿剤をこまめに替えながら冷やしましょう。

手足のやけどは

流水で冷やす。広範囲の場合はシャワーをかけて。湯たんぽやホットカーペットなどで赤くなった程度でも、よく冷やすこと。

ファンヒーターをさわった

ヒーターのフレームをさわったあとが残っています。特に赤ちゃんは思わぬものをさわるので予防を徹底して。

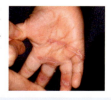

服の上からのやけどは

服の上から熱湯をかぶったりしたときは、無理に脱がせると皮膚がはがれることが。服の上からシャワーで水をかけましょう。

口の中のやけどは

冷水や氷を口に含ませて冷やします。ミルクや離乳食は、必ず大人が温度を確認してから口に入れるようにしましょう。

ケアマニュアル
すり傷・切り傷

消毒しない湿潤療法が主流

傷口からしみ出てくる体液には、傷を治す成分が豊富に含まれます。すり傷や切り傷は消毒薬を使わずに保湿する「湿潤療法」が、最近の主流な治療法です。すり傷は傷口を流水で洗い流してから、保湿タイプのばんそうこうかラップを巻いて保護。切り傷は、傷口をしっかり押さえて止血します。小さな傷なら3分程度で止まります。そのうえで、保湿タイプのばんそうこうを。

指をはさんだら

まず氷のうや、タオルでくるんだ保冷剤を患部に当てて20分以上冷やします。青黒くはれ上がる、指が痛くて曲がらないなどのときには、腱が傷ついたり骨にひびが入ったりしている可能性があるので受診して。

ガラスやくぎが刺さったら

深く刺さったガラスは無理に抜こうとすると大きく出血することがあるので、そのまま病院へ。くぎは、ばい菌が感染する心配があるので抜きます。周囲を強く押して血を絞り出すようにし、ガーゼを当てて病院へ。

爪がはがれたら

痛がって泣くかもしれませんが、まずははがれた部分を流水でよく洗います。そのうえで清潔なガーゼを当て、包帯を巻いて病院へ。受診するのはかかりつけの小児科医のほか、外科でもかまいません。

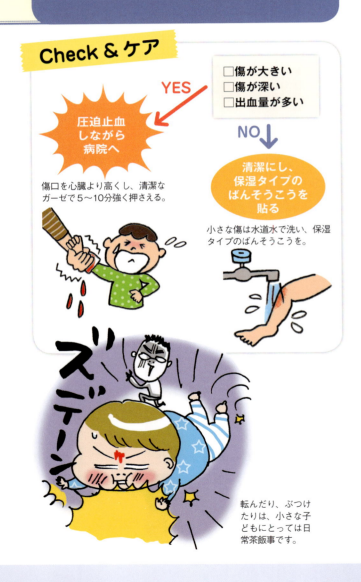

Check & ケア

- □ 傷が大きい
- □ 傷が深い
- □ 出血量が多い

YES → 圧迫止血しながら病院へ
傷口を心臓より高くし、清潔なガーゼで5〜10分強く押さえる。

NO → 清潔にし、保湿タイプのばんそうこうを貼る
小さな傷は水道水で洗い、保湿タイプのばんそうこうを。

転んだり、ぶつけたりは、小さな子どもにとっては日常茶飯事です。

PART 6 事故と病気

\\ 心肺蘇生ってどうするの？ /

救急車レベルの事故が起きてしまったら

事故＆ケガの対処法　すり傷・切り傷　救急車レベルの事故

1 119番に電話する
「火事ですか？ 救急ですか？」
「救急です」

2 聞かれたことには落ち着いて答える
事故の状況や子どもの様子、住所など、救急隊員が必要な情報を尋ねてきます。それらにできるだけ正確に答えることだけを考えて。

3 必要なことは電話で指示されます
救急車が到着するまで何をするべきか、何をしてはいけないのかは電話で指示されます。生半可な知識で勝手な処置をしないようにしましょう。

4 到着までの全国平均時間は7分。10分以内には助けが来ます
ほとんどの場合、10分以内には助けが来ます。できるだけ落ち着いて救急車の到着を待ちましょう。余裕があれば、健康保険証、母子健康手帳、財布を用意。

救急車を待つ間

5 意識があるかどうかを確認する
子どもの額に手を当て、もう片方の手で足の裏をつまんだり、軽くたたいたりして刺激を与えます。名前を大声で呼び、それに反応して声を出すか、まぶたをピクピクさせるかを観察します。

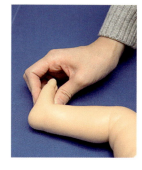

できる人は人工呼吸も組み合わせる
意識がないと親は動転しますが、救急車が来るまでに心臓マッサージだけはぜひやってください。救命法の講習を受けるなどして心肺蘇生法をマスターしている人は、これに加えて気道確保（気道をふさがないようにあごの位置を調節）や人工呼吸（気道に空気を送り込む）も行いましょう。救命効果がさらにアップします。

6 意識がないときは心臓マッサージ（胸骨圧迫）を
圧迫する場所を決めます。片手の人さし指を赤ちゃんのどちらかの乳首に当て、中指と薬指を折り曲げた場所が圧迫ポイント。
胸骨の下半分に手のつけ根を押し当てます。体の大きさに合わせて両手、または片手を使います。押す場所は胸の真ん中が目安。

【0才代】
中指と薬指をまっすぐに立てます。爪が伸びていても、指をまっすぐにするのが確実なマッサージのためのコツです。

【1才以上】

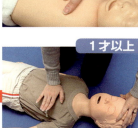

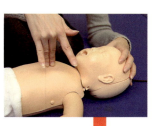

1秒に2回ぐらいのテンポ。胸の厚み1/3が沈むぐらいの速さで絶え間なく押す

0～6才 よくかかる病気＆トラブル

かぜ症候群

これがサイン
- 熱が出る（出ないこともある）
- 鼻水・鼻詰まり、せきが出る、のどが痛い
- 機嫌が悪い、食欲がない

冬に多いが夏に特有のかぜも

かぜ症候群は、病原体が鼻からのどにかけての上気道に感染し、急性の炎症を起こす病気全般のこと。原因になるウイルスは、数百種類もあるといわれます。

赤ちゃん時代はママから免疫を受け継いでいますが、かぜは防げません。兄弟がいる、保育園に入るなど感染の機会があれば、生後1カ月以内でもかかることがあります。

かかりやすいのは、冷気や乾燥を好むウイルスが活発になる冬。ただ、高温多湿の夏に活発化するウイルスもいます。夏のかぜは高熱や発疹の出るものがあり、咽頭結膜熱、手足口病、ヘルパンギーナなどを「夏かぜ」と称することもあります。

かぜ症候群の症状は軽く、多くは数日で治ります。ただ、中耳炎や副鼻腔炎などの合併症を起こしたり、炎症が気管や肺に広がって重症化したりすると、ときには入院などの措置が必要になります。

一般的な経過

潜伏期	つらい時期							回復期		
1～7日	1	2	3	4	5	6	7	8	9	10 日

熱
40度
39度
38度
平熱

不機嫌　吐く、下痢などから始まることも
せき
鼻水
発熱
鼻水やせきは、熱が下がってもしばらく続く
だいたい1週間で軽快

ここにウイルスが感染する

食道

ホームケアのポイント

特効薬はなく安静が第一

受診で処方される薬はつらい症状をやわらげるためのもの。かぜ自体を治す薬はなく、子どもが自力で治すのをサポートするしかありません。最も大切なのは、安静にして体を休めること。

飲めるもので水分補給

発熱すると、呼気や汗で体から水分が失われがちなので、こまめに水分をとらせましょう。飲ませるものは、麦茶や湯冷まし、果汁などでもいいですし、子ども用イオン飲料や経口補水液でもOK。

Q しっかりあたためて汗をかかせれば熱は下がる？

熱があるときにあたためすぎると、体に熱がこもってさらに熱が上がってしまうことが。汗をかいても、熱が下がるわけではないので、やたらとあたためる必要はありません。

Q 冬の寒さや夏の寝冷えはかぜの原因になりますか？

寒さや寝冷えは、かぜの直接の原因ではありません。ただ、体が冷えると免疫の働きが低下します。寒い時期や寝冷えで体が冷えたときにかぜをひきやすいのはこのためです。

PART 6 事故と病気

0～6才 よくかかる病気&トラブル

よくかかる病気&トラブル　かぜ症候群／インフルエンザ

インフルエンザ

これがサイン
- 急に高熱が出る
- 鼻水・鼻詰まり、せきが出る、のどが痛い
- 機嫌が悪い、食欲がない、ぐったりしている

毎年流行するウイルスの型が変わる

インフルエンザウイルスは非常に感染力が強く、流行が始まるとあっという間に広がります。また、インフルエンザには、大別するとA、Bの2つの型があります。毎年流行するウイルスの種類が変わるため、何度もかかる可能性があります。

症状は、せき、鼻水などかぜに似たもののほか、頭痛、関節痛、筋肉痛など。急に高熱が出て、いったん下がってから再び上がることもあります。赤ちゃんやお年寄りは、かかると重症化したり合併症を起こしたりするおそれがあります。

かぜとインフルエンザは

原因ウイルスが違う
かぜとインフルエンザでは、原因となるウイルスがまったく異なります。インフルエンザウイルスは、強い感染力が特徴です。

症状の重さが違う
インフルエンザにかかると、かぜよりも熱が高くなり、頭痛や関節痛など全身症状が強く出ます。

インフルエンザは検査で確定診断できる
インフルエンザは、綿棒でこすりとった粘膜をチェックするキットで診断がつきます。また、インフルエンザの抗ウイルス薬もあります。

一般的な経過

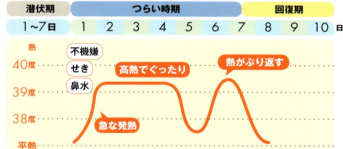

潜伏期 1～7日 ／ つらい時期 1-7日 ／ 回復期 8-10日

熱・せき・鼻水・不機嫌／急な発熱／高熱でぐったり／熱がぶり返す

ホームケアのポイント

1週間程度は安静第一に

インフルエンザにかかったら、安静が第一です。1週間くらいは、なるべく静かに過ごします。熱が下がったあともすぐに外に出かけたりせず、様子を見ながら少しずつ元の生活に戻しましょう。

飲めるものをこまめに飲ませて水分補給

高熱が出るので水分をこまめに飲ませて。飲めるものを少しずつ頻回に飲ませるのがポイント。おしっこの量や回数が減った、唇が乾いている、などの様子が見られたら脱水症の疑いがあります。

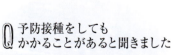

Q 予防接種をしてもかかることがあると聞きました
インフルエンザの予防ワクチンは、翌年の流行を予想したウイルスを使ってつくります。ただ、流行するウイルスは毎年変わるので、その年のワクチンに含まれないウイルスには感染する可能性があります。

Q タミフルなどの抗ウイルス薬は子どもでも飲める？
インフルエンザの薬である抗ウイルス薬のタミフルは、異常行動が問題になり、10代への投与が控えられています。1才未満の赤ちゃんは、医師から十分な説明があり、保護者が同意すれば使えます。

0〜6才 よくかかる病気&トラブル

ウイルス性胃腸炎

これがサイン
- 熱が出る
- 急におう吐や下痢が始まる
- 水っぽい便が大量に出る

感染力が強く家族中にうつることも

ウイルスに感染して起こる急性の胃腸炎で、「おなかのかぜ」といわれることもあります。冬にかかりやすい病気ですが、原因になるウイルスは数多く、初秋から春先にはノロウイルス、真冬にはロタウイルスが流行します。

胃腸炎を引き起こすウイルスは感染力が強く、保育園や幼稚園などで広がったり、子どもからパパ・ママなどにうつったりすることがよくあります。

症状は、急激なおう吐や下痢、発熱から始まります。うんちは水っぽく、1日10回以上出ることも。腹痛で子どもは不機嫌になり、食欲もダウンします。ノロウイルスが原因の場合、ひどい下痢や熱は1〜2日で落ち着きます。一方、ロタウイルスでは白っぽい下痢便が出ますが、便の色にあまり変化がないこともあります。症状はノロウイルスより重く、下痢は1週間ほど続くことがあります。

一般的な経過

潜伏期	つらい時期	回復期
1〜3日	1 2 3	4 5 6 7 8 9 10

熱
白っぽい下痢便　下痢は2〜3日がピークで7日くらい続く
※おう吐を伴うことも

発熱
40度／39度／38度／平熱

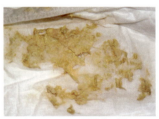
ロタウイルスによる胃腸炎の便

ホームケアのポイント

おう吐のピーク時には食事を控える
おう吐がひどいのは症状が出始めてから半日ほど。吐きけがあるときは無理に食べさせるとよけい吐くことに。少し落ち着くまでは、食事を控えましょう。

経口補水液などで水分補給を
激しい下痢やおう吐が続くと、体内から水分とともに電解質もどんどん失われていきます。脱水症の予防のためには、麦茶や湯冷ましなどよりも、電解質を含む経口補水液を飲ませるのがベター。

床に吐いたら、50倍に薄めた塩素系漂白剤でふく。

Q 急を要する症状がありますか？
注意したいのは、おう吐や下痢による脱水症です。体内の水分の減り方が大きく、小さい赤ちゃんなどは特に、脱水症を起こしやすいもの。おかしいと思ったら早めに受診を。

Q 下痢は薬で止めたほうがいい？
下痢は、病原体を排出しようとする体の防御反応です。薬で無理に止めないほうがいいですね。整腸薬などの対処療法で、胃腸の負担を減らしてあげましょう。

182

0〜6才 よくかかる病気＆トラブル

中耳炎

中耳炎の原因は のどや鼻からやってくる

中耳炎は、鼓膜の内側の中耳が炎症を起こす病気。肺炎球菌などの細菌による感染が主な原因です。耳から細菌が入って起こると思われがちですが、そうではありません。かぜなどでのどや鼻の粘膜が弱ったとき、病原体がのどと耳をつなぐ耳管という管を通って侵入することで発症します。

中耳炎になると、たいてい38度くらいの熱が出ます。炎症が進むと中耳にウミがたまって鼓膜が真っ赤にはれ、ウミが鼓膜を圧迫して痛みが起こります。痛みのピークには鼓膜が破れ、中耳にたまったウミが耳だれとして出てくることもあります。

症状が軽い場合は、抗菌薬の服用や鼻水の吸引などで治療します。ウミがたまって鼓膜のはれがひどい場合や、痛みが強そうなときは、早く治るように鼓膜を切開してウミを出すこともあります。

鼓膜

細菌やウイルス

大人にくらべてここが水平で短い

耳から入った水が中耳炎を起こすことはない

ここに炎症が起きる

ホームケアのポイント

処方された薬をしっかり飲みきる

何より大切なのは、処方された薬をきちんと飲むこと。痛みが強いなら、冷たいタオルを耳に当てます。鼻水は耳鼻科で吸ってもらうほか、自宅で市販の鼻吸い器を使ってとっても。耳だれは中までいじらず、外に出てきたものだけふきとります。

Q 鼓膜切開とはどういうことですか？

専用の細いメスを使って鼓膜に小さな穴をあけます。切開が必要なのは炎症がかなりひどい場合なので鼓膜の痛みが強く、麻酔なしでも切開の痛みは気にならないでしょう。

Q スイミング教室に通うと中耳炎になりやすい？

健康なときは心配ありませんが、少しでも鼻水が出ているときは、鼻かのどが炎症を起こしている可能性があります。プールの水から菌が入ると、中耳炎になりやすいでしょう。

Q かぜをひくと中耳炎になりますか？

かぜをひくと、細菌やウイルスを含む鼻水がたまります。乳幼児は、くしゃみやせきをすると鼻水が耳管を通って中耳に入りやすいため、かぜから中耳炎になることが多いのです。

これがサイン
- 急に高熱が出る
- 機嫌が悪い、ぐずる
- 頭を振る、しきりに耳をさわる、耳を痛がる
- 黄色い耳だれが出る

PART 6 事故と病気

よくかかる病気＆トラブル ウイルス性胃腸炎／中耳炎

0〜6才
よくかかる病気&トラブル

便秘

いちばんの原因は不規則な生活

便が直腸に届くと、その刺激が脳に伝わって便意をもよおします。なんらかの原因で便の出ない状態が続くと、便が直腸にたまってふくらみ、新たな便がおりてきても出にくくなります。この状態が便秘です。

便秘が習慣化して直腸がふくらんだ状態が長く続くと、元に戻りにくくなります。3日出なかったら、直腸にたまった便を早く出す必要があります。

便秘のいちばんの原因は、不規則な生活。排便リズムは生活リズムに大きく影響されるので、毎日決まった時間に排便するクセがつくように、規則正しい生活を送りましょう。ストレスが原因で腸の動きが悪くなり、便秘になることもあります。親がイライラしていると、子どももそれを敏感に感じとってストレスになることが。大人も規則正しい生活を送り、ストレスをためないようにしましょう。

「便秘ぎみ」の目安

回数
1日平均1回未満（生後6カ月以降）

状態
- おなかが張っている
- 便の粘りけがふだんより強い
- 排便が苦しそうで顔が真っ赤になる
- 排便時に肛門が切れる
- 食欲がない、吐く

直腸に向かうこの部分が最も便がたまりやすい場所

大腸 で水分を吸収しながら便に
胆汁
小腸で消化吸収
肛門

ホームケアのポイント

食習慣を見直して腸を元気に

便秘解消の特効食品はありませんが、食物繊維の多いもの、腸を元気にするものを積極的にとりましょう。さつまいも、バナナ、海藻類、納豆などのほか、市販のオリゴ糖や麦芽糖も便を出やすくします。

運動で腸を刺激する

腸の動きを促すために、適度に体を動かしましょう。まだ歩けない赤ちゃんは、両足を持って前後にゆっくり動かしたり、おなかを「の」の字でマッサージしたりするのもいいでしょう。

たまった便は浣腸で出す

便がたまってしまったら、赤ちゃんは綿棒浣腸（p.189参照）で、幼児は市販の浣腸薬を使ってなるべく早く出してあげましょう。浣腸を使わないと出なくなるのではと心配する人がいますが、クセにはなりません。

Q 親が便秘ぎみだと子どもも便秘になりやすいですか?

その傾向はあります。腸の長さや働きなどの体質が受け継がれるからでしょう。ママやパパが便秘ぎみの家庭は、日ごろから生活リズムを整える、食事の内容を工夫するなどして。

Q 便秘で受診というのがピンときません

便秘は長引けば長引くほど、便が出にくくなります。3日出なかったら迷わず受診しましょう。「うんちをすると気持ちいい」という感覚を覚えるためにも、早めの解消が大切です。

184

PART 6 事故と病気

よくかかる病気&トラブル　便秘／あせも・とびひ

0〜6才 よくかかる病気&トラブル

あせも・とびひ

たまった汗で皮膚が炎症を起こす

大量に汗をかくと皮膚がふやけて、汗の出る穴がふさがれます。行き場を失った汗は皮膚の内側にたまり、炎症を起こして水疱や丘疹ができます。これが、あせもです。首の周り、額、わきの下、手足のくびれなど、汗をかきやすいところによくできます。赤ちゃんも大人も汗腺の数は同じなので、体が小さいほど汗っかきであせもになりやすくなります。

かきこわした皮膚が細菌感染するととびひに

あせもなどで皮膚のかゆみがあるところをかきこわし、そこに黄色ブドウ球菌などの細菌が感染するととびひになります。かゆみのある水疱が1つか2つできるのが始まり。かくとすぐにつぶれ、中に入った菌がほかのところについて、火が飛び散るようにあっという間に全身に広がるためにこの名前があります。

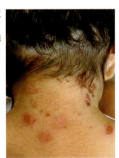
とびひは、水疱が次々とできてかさぶたに。強いかゆみがあります。

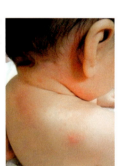
首から肩にかけてできたあせも。汗のたまりやすい場所にできます。

ホームケアのポイント

汗はふきとり清潔を心がける
汗が残っていると、その刺激がトラブルの引き金になります。汗をかいたらそのままにせず、ぬれタオルでふくなどこまめにとりましょう。着せすぎなどで冬に汗をかくこともあるので注意して。

夏でも冬でも保湿で保護
肌がたっぷりとうるおっているとバリア機能が高まり、刺激や感染から肌を守ってくれます。冬はもちろん夏もお風呂上がりには保湿クリームを塗るなどして。乾燥する冬は、加湿器などで湿度もキープします。

トラブルの予防にもなる低刺激
子どもの肌は薄く、少しの刺激でもトラブルになります。衣類は綿100％にする、顔や首すじにチクチクした刺激を与えない、粗いタオルでゴシゴシこすらないなど、常に低刺激を心がけましょう。

Q あせもは石けんで洗ってもいいですか？
大丈夫です。あせものケアで大切なのは、皮膚を清潔にすること。赤ちゃん用など低刺激の石けんを、よく泡立てて使いましょう。成分が残らないよう、すすぎはしっかり。

Q 市販の薬を使ってもいいですか？
赤ちゃん用、子ども用のものなら、使ってもかまいません。大人用を使う場合は、必ず薬剤師に相談して。市販薬を数日使ってもよくならないときは、早めに受診してください。

こんなときどうする？ 写真でわかるホームケア

正しく熱をはかる

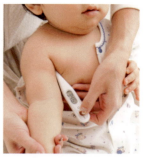

手のひらを上に向けてしっかり締める
体温計を差し入れたら、わきをしっかりと締めます。体温計をはさむときに、子どもの手のひらを上向きにすると、わきがよりよく締まって体温計がグラグラしません。

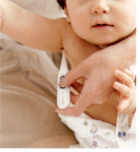

体温計の先をわきのくぼみに差し込む
棒体温計を、わきの下からななめに押し上げるように差し込みます。体温計先端のセンサーの部分を、わきのくぼみの中央に当てるのがポイントです。

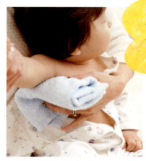

わきではかります。まず汗をふきとろう
熱をはかるのは、わきです。汗をかいていると、正確にはかれません。はかる前にわきの下の汗をタオルなどでしっかりとふいてから、体温計を当てます。

家庭で使いやすいのは

20〜30秒ではかれる棒状電子体温計
正確にはかれるのは実測式体温計ですが、計測に約10分かかります。赤ちゃんや小さい子どもをじっとさせておくのは大変なので、数十秒ではかれる予測式（体温を予測して数字を出す）の棒状体温計が使いやすいでしょう。

特徴を知っておこう

耳式体温計
耳アカがたまっていると正確にはかれません。数字がバラつきやすいので、何回かはかってみるといいでしょう。わきではかる体温計よりも、やや高めに出る傾向があります。

額体温計
手軽にはかれますが、額につける位置で数字に違いが出たり、外気温に左右されたりしやすい欠点があります。はかるときは、額にぴったりとつけるようにしましょう。

発熱時の着せ方

高熱 — 上がり切ったら着せすぎない

出始め〜上昇中はあたたかく

平熱

体温が上がるときは、末梢血管が収縮し、手足が冷たく寒そうな様子が見られます。熱の出始めは、あたたかくしてあげましょう。

ことさらに薄着にする必要はありませんが、体内に熱がこもらないよう、着せすぎを避けます。「汗で熱を下げる」というのは間違いです。

冷却ジェルシートや氷枕は無理に使う必要はありません

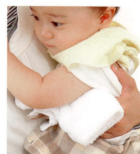

わきの下や太もものつけ根など、太い血管が通っている場所を冷やすとラクになることも。いやがらないなら、タオルで包んだ保冷剤を当ててもいいでしょう。

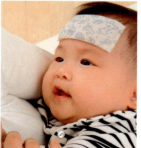

冷却ジェルシートは皮膚の表面温度を約4度下げるので気持ちがいいのですが、解熱効果はありません。いやがらないなら使ってもいいですが、無理じいはしないで。

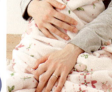

PART 6 事故と病気

写真でわかるホームケア

発熱時の水分補給

下痢・おう吐、大量の汗などの場合は

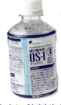

イオン飲料や経口補水液で脱水を予防する

水分がいつものようにとれない、下痢やおう吐がある、大量の汗をかいた、などのときにはイオン飲料や経口補水液を。イオン飲料は大人用を薄めるのではなく、必ず赤ちゃん・子ども用のものを。

これらが十分にとれていれば問題ない

 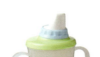 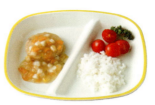 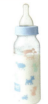

白湯や麦茶もこまめに飲ませる

症状が熱だけなら、水分補給は白湯や麦茶で十分にできます。授乳中の赤ちゃんは、おっぱいやミルクがしっかり飲めているなら無理に飲ませなくても大丈夫。

食事にも水分が含まれている

人間は、食事からも多くの水分をとっています。食べられるのなら、内容はいつもどおりで大丈夫。食欲がないときは、食べられるものならなんでもかまいません。

おっぱいやミルクは飲めるだけ飲ませる

赤ちゃんの場合、おっぱいやミルクをいつもどおり飲んでいるなら、多少熱があっても水分補給は十分なことが多いのです。飲みたいだけ飲ませてあげて。

吐きけがあるときの水分補給

少しずつ、頻回に飲ませる

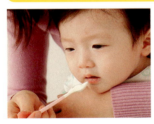

水分補給は少しずつ。まずスプーンで一口

吐いていても、少しずつ飲ませることが大切です。落ち着いたタイミングで、5～10分おきにスプーンで一口ずつ水分をとらせます。

 大丈夫なら

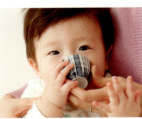

おちょこなどで少量ずつ補給

スプーンで数さじ飲んでも吐かないなら、おちょこなどの小さな容器で飲ませます。一度にたくさん飲ませずに、少量ずつ。

30分で100mℓ飲めれば大丈夫

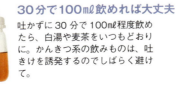

吐かずに30分で100mℓ程度飲めたら、白湯や麦茶をいつもどおりに。かんきつ系の飲みものは、吐きけを誘発するのでしばらく避けて。

吐いたもので気持ちが悪くならないように

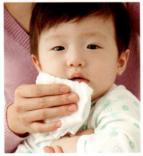 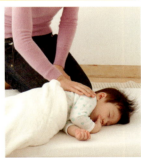

口の周りをきれいにする

吐しゃ物のにおいで気持ちが悪くなることがあります。口の周りについたものを、ぬるま湯で絞ったガーゼなどでふきましょう。

窒息を避けるため横向きに

いつ吐くかわからないときに、あおむけで寝ていると吐いたもので窒息する危険が。横向きに寝かせるようにしましょう。

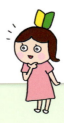

鼻水をとる

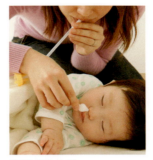
専用の器具で吸いとる
市販の鼻吸い器を使うときは、強く吸わずに少しずつ吸い、大人は吸ったあとにうがいを。最近は家庭用の電動鼻吸い器もあります。

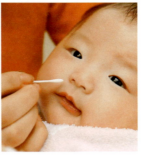
お風呂上がりに鼻の入り口を掃除
お風呂上がりには鼻くそがやわらかくなっています。まだ鼻がかめない子は、ベビー綿棒で入り口をクルリ。奥に押し込めずにやさしく。

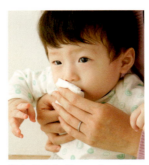
やわらかいティッシュでこまめにふきとる
肌を刺激しないやわらかいティッシュでこまめにふきます。ガーゼでふくと、洗っても菌が残ることがあるので、使い捨てられるもので。

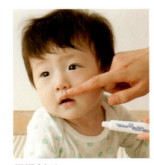
保湿剤で鼻の下のかぶれを予防
鼻水や、鼻水をふきとる刺激で、鼻の下がかぶれやすくなっています。ワセリンやオイルを塗って、皮膚を保護しましょう。

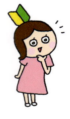

鼻がかめるようになるのは
赤ちゃんは自分で鼻をかむことができません。3才を過ぎるとできる子もいますが、それでも半分以上はうまくかめません。お風呂で片方ずつ鼻の穴を押さえて「フン」と息を出すなど、暮らしの中で少しずつ練習するといいですね。

耳鼻科で吸いとってもらう
鼻水は家庭でこまめにふきとるのが基本ですが、詰まって苦しそうなときは耳鼻科で吸いとってもらうこともできます。鼻水は吸いとってもまたすぐに出てくるでしょうが、いっときスッキリします。授乳中の赤ちゃんは、おっぱいも飲みやすくなります。

せき・たんをラクに

上半身を起こして寝かせるとラク
せきが出ているときに寝かせると、よけいせき込むことが。マットの下に薄手の枕を入れるなど、上半身を少し起こすようにすると、呼吸がラクになります。
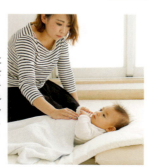

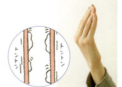
背中をトントンする手はおわん状に。振動が伝わりやすいので、たんが動きやすくなります。

背中をトントンたたいてたんを出しやすくする
せきで苦しそうなときは、背中をトントン軽くたたきましょう。気道の内側にはりついているたんが動き、とれやすくなります。
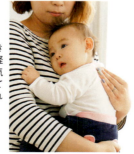

PART 6 事故と病気

写真でわかるホームケア

便秘のときの綿棒浣腸

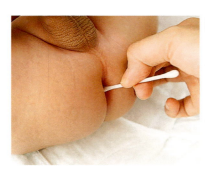

綿棒の先端を下に向ける
肛門にまっすぐに綿棒を差し入れたら、綿棒の先をやや下（背中のほう）に向けるようにすると、スムーズに頭部分が入ります。

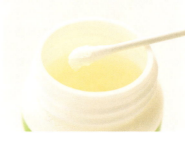

綿棒にワセリンやクリームをつける
綿棒の頭（綿球がついているところ）の部分に、ワセリンやクリーム、オイルなどをつけて、すべりをよくします。

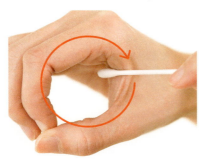

肛門の壁をやさしくなでるように
ただ差し入れるのではなく、肛門の内側の壁に沿って、綿棒の側面でそっとこすります。神経が刺激されて便意が起こります。

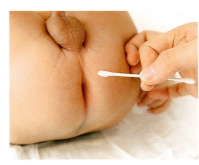

綿棒の頭部分を肛門に差し入れる
綿棒の頭の部分のみを、そっと赤ちゃんの肛門に差し込みます。足をバタバタするなど動き回るときには、無理じいしないで。

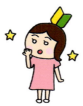

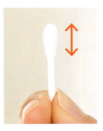

ベビー用は軸が細いので、大人用の綿棒を使います。入れる目安は、綿の部分が隠れる程度まで。

塗り薬の適量

保湿剤などローションは

〈原寸大〉
ローションや乳液などのスキンケア用品は、1円玉ぐらい（直径20mmぐらい）の大きさに出したものを、大人の手のひら2枚分の範囲に塗ります。

ステロイド剤は

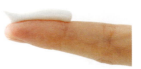

大人の人さし指の第一関節まで絞り出した量を、大人の手のひら2枚分の範囲に塗ります。少なすぎるとしっかり効果が出ません。

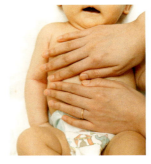

大人の手のひら2枚分の範囲に
写真は、3カ月の赤ちゃん。大人の手のひら2枚で、上半身がすっぽり隠れます。月齢が高くなれば、隠れる範囲は少なくなってきます。

はじめてママ&パパの 0〜6才 男の子の育て方 さくいん

さ
最終身長 … 118
逆上がり … 128、129
サッカー … 131

し
自己主張 … 53、58
思春期 … 12、13、15、164、165
七五三 … 138、139
しつけ … 140、152、154、156
湿潤療法 … 178
自分でやりたい … 146、148、160
習字 … 131
小学校 … 142
食物アレルギー … 143
視力 … 32
人工呼吸 … 179
真正包茎 … 78
心臓マッサージ … 179
身長が伸びる … →背が伸びる
心肺蘇生 … 179

す
水分補給 … 180〜182、187
睡眠 … 119、121
スイミング … 130、183
ストロー … 49、51
すり傷・切り傷 … 178
すわる … →おすわり

せ
生活スキル … 20、142
生活リズム … 142、149、184
性染色体 … 10、11
精巣 … 12、13、90、91
精巣がない … 76
成長ホルモン … 118、119、121
背が伸びる … 118〜121
せき・たんをラクに … 188

そ
鼠径ヘルニア … 76、86、87

か
かけっこ … 122、123
かしわもち … 135、136
かぜ・かぜ症候群 … 180、183
仮性包茎 … 78、80
ガラスやくぎが刺さった … 178
浣腸 … 184、189
嵌頓 … 86

き
気管支ぜんそく … 17
亀頭・亀頭部 … 74、76、78〜80、84、85
亀頭包皮炎 … 76、84、85
救急車 … 179

く
首すわり … 39、40、62

け
下痢 … 182

こ
こいのぼり … 134、135
誤飲 … 172、174
抗ウイルス薬 … 181
睾丸 … →精巣
睾丸炎 … 94
好奇心 … 52
公共の場 … 159
交通事故 … 172
声変わり … 12、13、118
五月人形 … 135
股関節脱臼 … 17
コップ … 46、57、60、65
言葉・言葉の発達 … 18、49、55、59、66、97、150
鼓膜切開 … 183

あ
あせも … 185
遊び … 108、108〜117
頭から出血 … 173
あと追い … 57
アトピー性皮膚炎 … 17、121
歩く … 19、54、56、58、60、61、63、97

い
いじめ … 143
遺伝 … 118、119
いないいないばあ … 47、49、108
イヤイヤ期 … 71、100、146〜163
陰嚢 … 11、76、82
陰嚢がふくらむ … 76、88
陰嚢水腫 … 76、88、89
インフルエンザ … 181

う
ウイルス性胃腸炎 … 182
内祝い … 138
うつぶせ … 35、37
運動 … 18、114、119、121、122〜129、150

え
英語 … 130
栄養 … 119、120
絵本 … 58、67

お
おう吐 … 182、187
お絵描き … 24〜27
おしっこ … 75、76、83、96、97
おしゃべり … 47
おすわり … 40、42、44、45、63
おたふくかぜ … 94
おちんちん … 11、74〜84、92
おちんちんが赤い … 76、82、84、85
おちんちんが小さい … 76、82
おぼれる … 172、176
おまる … 98〜100、103、105
おもちゃ … 34、44、46、48、108〜113
おもらし … 102、103、141

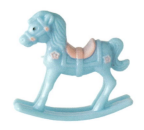

190

へ
便秘… 184

ほ
包茎… 78
包皮… 74、75、78〜81、83〜85
包皮をむく… 78〜81、83
ボール… 53、109、112
ボタン電池… 174
勃起… 75、82
ほほえむ… →笑う
ほめる… 69、156

ま
まね・まねっこ… 34、53、69〜71、109

み
水の事故… →おぼれる

や
やけど… 177

ゆ
指しゃぶり… 33
指をはさんだ… 178

よ
幼稚園… 140、143
予防接種… 94、181

ら
ランドセル… 142

り
離乳食… 42、43、46

わ
和式トイレ… 142
笑う… 36、38、66、68

な
なぐり描き… 24、56
投げる… 113
習いごと… 130〜133
なわとび… 126、127

に
にぎる・にぎる力… 36、38、64、112
入園… 140、141
入学… 142、143
尿道… 74、76
尿道下裂… 76、92、93
尿道索… 93

ぬ
塗り薬の適量… 189

ね
寝返り… 40、41、43
熱をはかる… 186

の
脳… 13、22、114〜116
のどにものが詰まった… 175

は
歯… 43、62
はいはい… 45、50、51、53、62
歯が折れた… 173
走る… 60、61、63
鼻血… 173
鼻水をとる… 183、188
パンツ… 99、102、104、105

ひ
肥厚性幽門狭窄症… 17、95
人見知り… 22、47、49、69
ひとり遊び… 22
ひとりで歩く… →歩く
ひとりで立つ… →立つ・たっち
肥満… 121

ふ
武道… 131

た
第2次性徴… 12、13、15
たかいたかい… 109、116
立ちション… 106
立つ・たっち… 39、45、49、51、52、56、63
たて抱き… 36
タマ・タマタマ… →精巣
タミフル… 181
端午の節句… 134
男性ホルモン… 11〜13、22

ち
窒息… 172
中耳炎… 183
中毒110番… 175
超音波検査… 11

つ
追視… 34
つかまり立ち… 45、50、52、53、55
伝い歩き… 47、52、53、56
積み木… 23、57、65、109、112
爪がはがれた… 178

て
低身長… 119
停留精巣… 76、90、91
溺水… →おぼれる
転倒・転落… 172、173

と
トイレトレーニング… 21、61、71、96〜106
トイレトレーニングの条件… 97
とびひ… 185

監修：渡辺とよ子
わたなべ医院院長

大阪府出身。札幌医科大学医学部卒業。都立墨東病院元副院長。
自身も母として4人の子どもを成人させた経験から、赤ちゃんと
お母さんの気持ちに寄り添うあたたかい医療を目指しています。

ご協力いただいた先生方（敬称略）

● p.10〜13（PART 1）
慶應義塾大学医学部小児科教授・慶應義塾大学病院副病院長
長谷川奉延

● p.74〜85（PART 3）
厚木市立病院泌尿器科
岩室紳也
ホームページ　iwamuro.jp

● p.86〜95（PART 3）
順天堂大学医学部小児外科・小児泌尿生殖器外科主任教授
山髙篤行

● p.114〜117（PART 4）
文教大学教育学部教授
成田奈緒子
さつき幼稚園
井上高光

● p.118〜121（PART 4）
ぬかたクリニック院長
額田 成

● p.122〜129（PART 4）
ナチュラルキッズスマイル・こども体育教育専門家
野村朋子
ホームページ　http://naturalkidssmile.com/

staff

♥カバーデザイン　川村哲司（atmosphere Ltd.）

♥カバーイラスト　100% ORANGE

♥本文デザイン　高松佳子

♥はじめてママちゃんイラスト　仲川かな

♥本文イラスト
PART 1／藤井昌子
PART 3／本多メモ、ムラキワカバ、
　　　　長岡伸行（図解イラスト）、福井典子（図解イラストほか）
PART 4／おおたきょうこ、福井典子
PART 5／とげとげ、あらいぴろよ、タカハシカナコ
PART 6／すぎうらゆう、アサミナオ

♥撮影（五十音順）
石川正勝、近藤 誠、目黒
主婦の友社写真課

♥スタイリング
すずき尋巳

♥取材・文（五十音順）
植田晴美、佐藤真紀、神 素子、中西美紀、村田弥生

♥校正
田杭雅子

♥編集 担当
中根佳律子

♥編集 デスク
黒部幹子（主婦の友社）

はじめてママ＆パパの
0〜6才　男の子の育て方

2018年 9 月30日　第 1 刷発行
2024年10月10日　第10刷発行

編 者／主婦の友社
発行者／大宮敏靖
発行所／株式会社主婦の友社
　　　　〒141-0021　東京都品川区上大崎 3-1-1
　　　　目黒セントラルスクエア
　　　　電話 03-5280-7537（内容・不良品等のお問い合わせ）
　　　　　　　049-259-1236（販売）
印刷所／大日本印刷株式会社

Ⓒ Shufunotomo Co., Ltd. 2018 Printed in Japan
ISBN978-4-07-432811-6

Ⓡ本書を無断で複写複製（電子化を含む）することは、著作権法上の例外を除き、
禁じられています。本書をコピーされる場合は、
事前に公益社団法人日本複製権センター（JRRC）の許諾を受けてください。
また本書を代行業者等の第三者に依頼してスキャンやデジタル化することは、
たとえ個人や家庭内での利用であっても一切認められておりません。
JRRC〈https://jrrc.or.jp　eメール：jrrc_info@jrrc.or.jp
電話：03-6809-1281〉

■本のご注文は、お近くの書店または主婦の友社コールセンター
（電話 0120-916-892）まで。
＊お問い合わせ受付時間　月〜金（祝日を除く）10：00〜16：00
＊個人のお客さまからのよくある質問のご案内
https://shufunotomo.co.jp/faq/

本書は、育児誌『Como』『Baby-mo』掲載の記事に新規取材を加え、再編集
したものです。
モデルとして登場してくれたお子さまたちに深く感謝申し上げます。